Uma fresta de luz

no porão da sociedade

Por

Joel Silva

ISBN - 978-85-93745-53-9

Independently published

Capa e contracapa

Joel Silva

Revisão e edição

Jorge Soufen Jr

Dizem que, quando estamos às portas da morte, podemos ver nossa vida claramente. E eu esperava exatamente isso: a clarividência da morte.

Joel Silva

Dedico este livro a meus filhos, Gabriel Silva e Letícia Silva, e a minha esposa, Roseli, que corajosamente suportaram minhas ausências; a meu pai, José Soares (*in memoriam*); a minha mãe, Valmira; e a meus irmãos, José Soares Júnior, Edson Silva e Wanezza Soares.

A todos da família.

Em especial a Jorge Soufen Jr, maior incentivador desta obra.

E aos amigos jornalistas e fotógrafos, que seguem corajosamente no afã de nunca deixar a verdade descer para a escuridão.

Apresentação

É preciso coragem para enfrentar um campo de batalha. Talvez seja necessária uma certa dose de coragem para ler este livro.

Ele traz uma coletânea de relatos vividos ao longo de 20 anos de coberturas jornalísticas das mais diferentes tragédias humanas, dos crimes na periferia das grandes cidades e dos conflitos no Oriente Médio até as incompreensíveis batalhas no cotidiano africano.

Os capítulos são arranjados de forma cronológica. Inicio com os plantões da madrugada do extinto jornal *Notícias Populares*, no qual os crimes urbanos expõem a violência ditada pelo tráfico de drogas em uma sociedade em ruínas.

Conforme me aprofundo nas coberturas e, consequentemente, nos conflitos mais extensos, também experimento batalhas internas. São elas que me revelam, cada vez mais, a obrigação de trazer, à luz da sociedade, aquilo que ela muitas vezes não quer ver. Mesmo que esse mergulho me contamine com a amargura do submundo.

Ao expor histórias sobre o sofrimento humano – e de como conseguimos, como repórteres e fotógrafos, chegar até ele –, meu objetivo é provocar uma ampla reflexão sobre o fotojornalismo, sobre o jornalismo como um todo e sobre o papel de cada um de nós na construção de um mundo mais justo e solidário.

A rua Nina Stocco

A violência havia transformado parte da estreita rua Nina Stocco, no extremo sul de São Paulo, em escuridão.

Enfrentando o blecaute daquela rua sem saída, uma senhora andava a passos lentos. Magra, muito magra, sua face fina e bastante enrugada expunha um certo sofrimento de vida. Os miúdos olhos tentavam encontrar o asfalto escuro enquanto o pensamento, perdido, procurava alguma resposta para suas preocupações diárias.

Seu longo vestido dançava conforme ela seguia arrastando seu desgastado chinelo em direção ao final da rua, onde ficava seu pequeno barraco, improvisado com tapumes de madeira e telhas de zinco.

Já passava das 22h.

Logo atrás, seu neto, um quase raquítico adolescente de não mais que 14 anos, seguia seus passos, batendo um pedaço de madeira contra a parede, entediado, escondido pela calça e pela camiseta largas _uma das formas de autoafirmação da juventude na periferia.

Os dois caminhavam mantendo certa distância entre si. Minutos antes, a avó havia enfrentado os delinquentes do bairro para tirar o adolescente do meio da roda de amigos indesejados. Ordenara-lhe que fosse para casa, pois já era tarde.

Nessas rodas, os marginais já trabalhavam na formação daquele jovem para o crime. Mas ainda restava uma pequena consciência de respeito pela avó. Eles ainda não haviam assassinado a criança que habitava naquele franzino corpo e que resistia às investidas da criminalidade. Os bandidos do bairro tentavam convencê-lo de que a melhor saída para sua condição de pobreza e de exclusão era prender uma pistola na bermuda e fazer valer sua vontade frente à desigualdade social.

Aquele menino não havia sido convencido a seguir a "vida louca", na gíria da marginalidade, mas os traficantes já o haviam contaminado com o vício da droga. Já tinha comprado a passagem para uma vida curta.

O ronco de uma moto dobrando a esquina logo atrás não despertou a curiosidade daquela velha, já que, na periferia, motos barulhentas são comuns. Mas, segundos depois, dois estampidos secos fizeram com que o corpo dela congelasse, interrompendo a coreografia de seu longo vestido.

Por uma fração de segundo, a intuição de avó impediu seu rosto de se virar para a esquina. Ela já previa ao que certamente assistiria. O barulho oco de um corpo caindo no chão não lhe deixava mais dúvidas.

Seu menino acabara de ser executado.

Ao virar o rosto para trás, ainda conseguiu ver os executores de seu neto circulando com a moto em volta do corpo, para se certificarem de que o trabalho estava concluído. Depois, viraram pela mesma esquina e desapareceram.

Sua batalha na tentativa de educar aquela criança havia chegado ao fim. Sua resistência contra o crime havia sido vencida. Restou, para aquela sofrida mulher, sentar-se na sarjeta, em frente ao corpo, e congelar seus olhos ante o símbolo de sua derrota.

Ali ela permaneceu, mesmo com a chegada dos curiosos, dos policiais e da imprensa.

Foi quando me sentei ao seu lado.

***

Já passava da meia-noite quando a campainha, seguida da luz do painel do elevador, despertou meu olhar perdido dentro daquelas paredes de latão brilhantes, indicando que eu havia chegado ao quinto andar do edifício do Grupo Folha, na alameda Barão de Limeira, no bairro de Santa Cecília, em São Paulo.

Ao sair do elevador, segui para a porta cinza pesada que dava boas-vindas à redação do jornal *Notícias Populares*.

Foi naquela madrugada quente do verão de 1996 que eu iniciava meu primeiro plantão policial na violência da Grande São Paulo.

Eu era jovem, recém-contratado no jornal. Enxergava a vida sob a transparência de um copo de cerveja, em longas farras noturnas com amigos em um tradicional bar em frente ao trabalho, onde histórias engraçadas do jornalismo eram a maior parte do roteiro das conversas noite e madrugada afora.

A maçaneta emperrada me forçou a abrir a porta com um solavanco, denunciando minha chegada. No fundo da redação vazia e parcialmente escura, vi o veterano repórter Hélio Santos sentado em uma das mesas, com o jornal do dia recém-saído da gráfica, cobrindo todo seu rosto.

Por detrás das páginas, Hélio, percebendo minha chegada abrupta, dobrou o jornal, parando de ler o noticiário, e disse em tom alto:

- Nem senta, já temos um corpo no chão. Rua Professora Nina Stocco, pega o guia de ruas!

Talvez pela longa experiência em coberturas de crimes nas madrugadas da metrópole paulistana, Hélio beirava o ranzinza: não era de muita conversa e, quando falava, não gostava de repetir.

Minha alma, ainda desprendida dos amargores da vida, levitava ao som de boa música que saía dos fones de ouvido, o que me impediu de ouvir o local do crime. Retirei levemente o fone de um dos ouvidos e perguntei:

- Onde?

Com um tom levemente alto, não muito amigável, e com um olhar fixo, ele repetiu pausadamente:

- Rua. Professora. Nina. Stocco. Veja no guia, é no extremo sul. Vamos para lá.

Senti que meu primeiro contato com um cadáver não teria muita relação com o romantismo das histórias contadas em mesas de bares.

Sem perder tempo, abri meu armário, peguei minha bolsa com a câmera e as lentes. Segui de volta para o elevador enquanto abria as páginas do pesado *Guia de Ruas de São Paulo* em busca do endereço. E pensar que, hoje, esses mesmos mapas estão condensados em um aparelhinho que dita o caminho para você.

Hélio se levantou, pegou seu tradicional bloquinho de notas, arrastou uma caneta da mesa preguiçosamente, colocou-a no bolso da camisa e acendeu um cigarro.

- Você é novo aqui? - perguntou, enquanto dava uma tragada, já dentro do elevador.

- Sim, comecei faz algumas semanas, mas estava na escala da manhã - respondi, enquanto folheava o guia.

No caminho, sentado no banco traseiro, tentei uma abordagem amigável com o veterano repórter, perguntando algo sobre o crime. Mas Hélio limitava-se apenas a orientar a direção para Zé, o motorista.

- Vai pela marginal Pinheiros, é mais rápido - disse Hélio.

Zé, obviamente, sabia disso. Era uma época na qual o motorista da casa era tão essencial para o jornalismo quanto o repórter e o fotógrafo. Um bom profissional sabia os atalhos, chegava a tempo de pegar a pauta quente, assuntava nas redondezas para ajudar a prospectar informações, enfim, era o terceiro lado de um triângulo na equipe jornalística. Esse cargo está praticamente extinto: hoje há os motoristas de aplicativos, sem compromisso algum com a pauta.

Enquanto nos dirigíamos ao local do crime, restou-me apenas observar pela janela do carro o contraste da metrópole paulistana. A quinta maior cidade do mundo, que, durante o dia, mais parecia um formigueiro pulsante, com carros, sirenes, máquinas perfurando concretos e gente, muita gente, andando de um lado para o outro. Mas na madrugada escura e silenciosa, a metrópole expunha seu lado sombrio.

Quanto mais adentrávamos na periferia, mais forte era a impressão de que submergíamos no mais profundo porão daquela cidade. As ruas escuras, iluminadas apenas pelo farol do carro, limitavam nossa visão.

O que viria pela frente?

***

- Com certeza, envolvimento com droga - afirmou Hélio, algum tempo depois, sem mexer a cabeça, no banco da frente.

Percebi que a atitude de Hélio era apenas uma leve amargura, talvez de tantos crimes presenciados. Diferente de mim, um jovem fotógrafo de alma alegre, ávido por se aventurar pelo mundo.

Ao chegarmos, o lugar estava praticamente deserto. Os faróis das viaturas expunham os peritos da Polícia Civil, que seguravam lanternas enquanto trabalhavam na cena do crime, recolhendo projéteis e outros vestígios que apontassem para respostas.

Como fotógrafo, identifiquei ali uma ótima cena: policiais em volta de um corpo. "Perfeito, uma bela foto!", pensei.

Rapidamente, desci do carro, tirei minha câmera da bolsa e a levei ao rosto, a fim de produzir a minha primeira cena de crime, já pensando na primeira página do dia seguinte.

Mas o clique não veio.

Por dentro do visor da câmera, meus olhos perceberam uma senhora, estática, sentada na sarjeta bem em frente ao corpo.

Parecia assistir à própria morte.

Na cabeça, um lenço surrado, com estampas de flores quase apagadas pelo tempo, escondia os fios de cabelos brancos. Uma saia comprida e escura disfarçava sua magreza.

Imóvel, sentada ali naquela sarjeta com as mãos apoiadas sobre os joelhos, ela parecia petrificada enquanto observava o trabalho dos peritos.

Meu dedo ficou sobre o botão da câmera, pressionando-o, mas sem a força necessária para tirar a foto. Eu sabia que a cena principal _os policiais em volta do corpo iluminado apenas pelos faróis das viaturas_ poderia se desfazer a qualquer momento.

Talvez meu senso humano tenha falado mais alto. Algo me dizia que eu deveria investigar aquela senhora de face cansada para saber se era algum parente e, claro, se eu poderia fotografá-la. Esse "algo", descobriria eu posteriormente, era meu *feeling jornalístico* se manifestando pela primeira vez em minha vida profissional.

Eu me aproximei, coloquei a câmera no ombro e me sentei ao seu lado. Ela continuou imóvel, sem se importar com minha chegada, os olhos de seu sofrido e enrugado rosto hipnotizados, fixos no corpo.

- Ele era seu parente?

- Meu neto... - respondeu ela.

 - A senhora se importa de eu tirar uma foto?

Ela virou-se para mim e, com os olhos precisos em minha direção, perguntou:

- Para que você quer tirar fotos do meu neto morto?

Como forma de aliviar minha consciência, ignorei a capacidade daquela velha senhora de entender o real motivo de eu estar ali. Aleguei que era do jornal e que estava apenas fazendo o meu trabalho.

Só depois é que percebi que eu era o mais ignorante naquele diálogo.

***

Minha única preocupação era garantir uma bela foto para a primeira página do dia seguinte, e não amenizar o sofrimento daquela idosa em luto repentino.

Ela ficou em silêncio e, logo depois, voltou-se para o neto morto. Os olhos, agora calmos, em direção ao cadáver, davam a impressão de que ela buscava, na memória, as boas lembranças de uma criança que, agora, não estava mais ali.

E eu continuei lá, sem saber o que fazer.

Os peritos já recolhiam suas caixas e retiravam suas luvas plásticas das mãos, indicando que logo os faróis dos carros deixariam de iluminar o corpo daquele jovem.

Um dos policiais veio em nossa direção, entregou um papel para a mulher e disse:

- A senhora precisa ir ao IML Central amanhã, depois das 7h, para recolher o corpo e providenciar o velório.

Em um estalo de tempo, ela se levantou e começou a caminhar na estreita e escura rua, dobrando aquele pedaço de papel com as mãos. Depois de dar dois passos à frente, parou, voltou-se para mim e disse:

- Se você quer tirar uma foto apenas para mostrar meu neto morto no chão, então, melhor não.

Nesse momento, eu abaixei a cabeça. Sabia que a cena de primeira página estaria perdida em breve.

"Não foi uma boa ideia pedir autorização", pensei.

A mulher, então, continuou:

- Mas se for para você mostrar em seu jornal que as drogas mataram meu neto e vão matar outros jovens, você pode tirar sua fotografia.

E saiu arrastando seu desgastado chinelo.

Eu me levantei rapidamente, levei minha câmera aos olhos e garanti três fotos dos policiais ainda em volta do corpo.

Mas logo meu olhar abandonou a cena do crime. Abaixei a câmera à altura do peito e olhei para aquela velha senhora, que já se transformava em vulto naquela escuridão.

Confuso, tentei entender o que ela realmente quis dizer.

Hélio aproximou-se de mim e comentou o que tinha apurado com os peritos. Enquanto alguns policiais cobriam o corpo com um lençol, ele apontou a caneta para o cadáver e, depois, para a direção da senhora.

- Era filho único, devia grana para traficante. A mãe morreu, o pai está preso. A velha, ali, era avó. Tomava conta do rapaz.

Falou assim, secamente. As histórias de tragédias familiares não atingiam mais a alma daquele veterano e sofrido repórter da madrugada.

Aquela velha senhora, em sua aparente ignorância, havia acabado de me ensinar a maior lição que todo fotojornalista deveria aprender antes mesmo de botar os pés em uma redação. Talvez ela mesma não tinha ideia do que havia me ensinado.

O meu trabalho não poderia se limitar apenas a registrar poeticamente um cadáver esticado em um asfalto gelado em uma rua escura na periferia de uma metrópole.

Meu trabalho teria de ser bem mais profundo do que isso.

É necessário um propósito, um sentido, antes de colocarmos o visor da câmera em frente aos olhos e "apertar o obturador" para documentar as tragédias humanas _preocupados apenas com a estética, a luz ou a composição, distante da realidade, sem nos importarmos com o passado das pessoas.

É necessário que entendamos melhor o mundo e, também, o submundo, antes de congelarmos, para sempre, uma história em forma de fotografia.

Na verdade, somos doutrinados a olhar o fotojornalismo apenas pela estética: garantir uma boa foto para publicá-la na primeira página do jornal _o que nos dá um certo status e, consequentemente, degraus a mais na escada profissional.

Muitas vezes, ignorando o que é o mais importante: o que há por trás das tragédias.

Evitamos as perguntas mais profundas, que nos levam mais e mais para dentro desse porão social. A superficialidade é cômoda para nós. Descemos até onde as cercas de nossa zona de conforto nos permitem descer. Sem irmos além, talvez por medo de sermos contaminados pelo sofrimento daqueles excluídos, talvez porque nosso maior interesse esteja apenas em copos de cerveja em rodas de bares.

Aquela velha senhora revelou, a mim, uma outra forma de ver e de fazer fotojornalismo.

***

Iniciei minha carreira de fotógrafo com o sonho de cobrir esportes. Estar em uma Copa do Mundo, ou em uma Olimpíada, era meu objetivo maior. Achava que fazer parte de um grande evento esportivo seria o meu ápice na profissão. Admirava os grandes fotógrafos, com suas lentes teleobjetivas, habilidosos em flagrar lances incapazes de serem percebidos pelos olhos humanos.

Mas os plantões na madrugada do *Notícias Populares* foram me levando para outras direções, bem diferentes do esporte. Nesses caminhos que comecei a seguir, os olhos não eram atraídos para as imagens – mas se fechavam. Os rostos se viravam.

Todos queriam ver um corpo repleto de sangue estendido em uma rua escura na periferia, mas ninguém queria realmente enxergá-lo. Foi somente então que eu comecei a perceber que meu objetivo como fotojornalista era mergulhar no porão dessa sociedade e trazer, à luz dela, aquilo que ela não conseguia _ou, muitas vezes, não queria_ enxergar.

Meu desafio passou a ser encontrar os interruptores desse porão, lançando luz sobre o que de mais podre a sociedade produz. E se não havia interruptores, eu usava fósforos. Ou tateava o caminho na escuridão.

Tudo porque aquela velha senhora me disse, em outras palavras, que eu não poderia me limitar a apenas fazer meu trabalho e, depois, voltar para casa como se nada tivesse acontecido.

Naquele ano, a rua Nina Stocco foi considerada a rua mais violenta de São Paulo, segundo dados da ONU (Organização das Nações Unidas).

Naquela madrugada, eu e Hélio visitaríamos outros nove locais de crimes.

Todos na periferia.

Todos envolvendo drogas.

O céu já se despia da escuridão da noite para vestir um azulado e promissor dia de sol. Depois de uma madrugada sangrenta, eu carregava na bolsa dez rolos de filmes, cada um representando um homicídio.

Nessa época, onde ainda existiam os plantonistas da madrugada nas redações, nosso ponto de encontro era o bar Estadão, tradicional lanchonete no centro de São Paulo. Lá, os jornalistas que dormiam de dia e trabalhavam de noite se encontravam para discutir a cobertura, tomar um café ou comer um sanduíche de pernil.

Antes que o sol raiasse por completo entre os edifícios, repórteres e fotógrafos se despediram, entraram em seus veículos e regressaram para as redações, a fim de redigir seus textos e revelar suas fotografias, despontando superficialmente as tragédias da periferia.

E, depois de tudo pronto, eles voltaram para as suas casas. Como se nada tivesse acontecido.

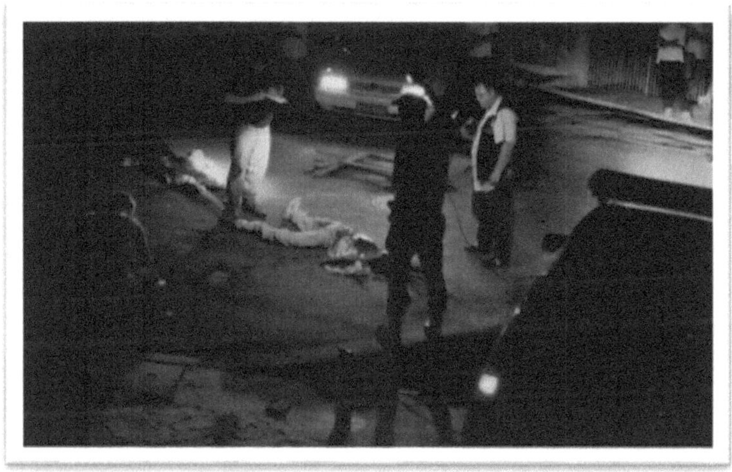

Peritos da Polícia Civil observam corpo de jovem assassinado, na rua Professora Nina Stocco, no extremo sul de São Paulo.

O guerreiro Felipe

A rotina no jornal me colocava em contato diário com as mais variadas tragédias humanas. Assassinatos, brigas, crimes... Todo tipo de mazela social era canalizada para a redação do *Notícias Populares*, um jornal que ficou imortalizado pela frase "Espreme que sai sangue".

Os anos foram se passando e, em 1998, consegui finalmente embarcar para uma grande cobertura esportiva: a Copa do Mundo da França.

Mas eu já havia perdido o gosto pelo esporte. Sutilmente, o desejo que corria em minhas veias no começo da profissão, o de trabalhar nas grandes coberturas esportivas, foi sendo substituído pelo sangue que escorria nas ruas da periferia.

Com a necessidade de entender toda aquela violência e na tentativa de buscar respostas, comecei, então, a me sentar na mesa onde funcionava o único computador da redação ligado na internet _um certo luxo no final da década de 90. Depois que todos iam embora e já não utilizavam a máquina, eu começava as minhas pesquisas diárias.

A experiência me dizia que a maior parte das mortes nas periferias das grandes cidades estava ligada diretamente às drogas. As pesquisas naquele computador me mostravam que as drogas vinham, em sua maioria, da Colômbia, um país mergulhado em um conflito havia 40 anos.

Foi assim, dia após dia, em um computador dinossáurico para os padrões atuais, que estudei profundamente o processo histórico daquele país.

As Farc (Forças Armadas Revolucionárias da Colômbia), o ELN (Exército de Libertação Nacional), os paramilitares e o Exército travavam uma guerra na selva colombiana. No meio disso tudo, o narcotráfico financiava a maioria das ações dos grupos insurgentes e era o grande interessado em manter esse estado de conflito, para, assim, exportar sua cocaína.

Conforme eu me aprofundava nos estudos, aumentava meu desejo de olhar esse processo mais de perto. Foi então que, em uma manhã nublada e fria, no início do inverno de 2000, eu me sentei na poltrona da antessala de Fernando Costa Netto, um simpático diretor de jornal que tinha experiência na cobertura de guerras na Bósnia, em El Salvador e em outros países mundo afora.

Dandão, como era conhecido, chegou. Sem nenhum discurso em mente, eu me levantei e disse que precisava ter uma conversa com ele.

- Entra aí, Joel, o que *está pegando*? - perguntou ele, enquanto pendurava sua bolsa na cadeira.

Descobri ao longo dos poucos anos de profissão que a melhor forma de convencer um chefe de que sua pauta é boa era despertar sua curiosidade.

- Fernandão, precisamos ir para a Colômbia!

Dandão, que ainda continuava de pé enquanto ligava seu computador para dar início às preocupações diárias de um jornal popular, olhou para mim com a calma que lhe era peculiar e, por um tempo, ficou refletindo, sem dar nenhuma resposta _talvez tentando sacar o que eu tinha em mente.

- *Selva*, o que tem lá? A guerrilha?

Selva era um apelido carinhoso dado pelos colegas de redação. Era um trocadilho: meu sobrenome, Silva, que vem do latim, significa "mata".

Percebi que ele se animou e, então, antes de falar sobre violência urbana, drogas e homicídio, fui direto ao plano.

- Vou tentar conseguir um contato na guerrilha em busca de autorização para entrarmos no acampamento principal das Farc, o que acha?

- Mas por que você quer ir? - perguntou Dandão.

Era uma forma de me provocar para saber se eu estava mesmo por dentro da pauta. Fernando era experiente e queria ter certeza sobre o caminho que eu havia percorrido para chegar à ideia da Colômbia.

- Dandão, registro crimes todos os dias, vejo mortes de adolescentes todos os dias. É preciso entender que esse cenário é bem mais complexo: vem das drogas. E as drogas vêm da Colômbia. Por isso, temos que ir para lá e traduzir esse processo para os leitores.

Fernando não demorou um milésimo de segundo para dar um tapa de raspão na beirada da mesa e dizer:

- Consiga uma autorização para entrar nas Farc que eu acho um jeito de mandar você para lá!

***

Não foi fácil. Durante dias pesquisei contatos, fiz telefonemas e despachei e-mails. Até que cheguei a uma jornalista do jornal colombiano *El Tiempo*. Ela se chamava Ana Maria Morito e estava em San Vicente del Caguán, região da guerrilha, acompanhando o processo de negociação de paz entre guerrilheiros e representantes do governo do então presidente Andrés Pastrana.

Ela me indicou outras fontes, entre elas o editor de um jornal comunista chamado *La Voz*, de Bogotá. Depois de algumas ligações para o editor do semanário, recebi a promessa de que, uma vez estando lá, ele mesmo conseguiria um passe para viajarmos para San Vicente del Caguán, onde ficava o acampamento principal das Farc.

Na manhã seguinte, eufórico, eu estava de volta à velha poltrona da antessala de Fernando. Dandão, ao chegar, me viu através do vidro e entrou brincando:

- Selva, já tem a autorização?

- Sim.

- Sente aí e me explique - disse ele, com ar descrente.

Coloquei todas as minhas fontes na mesa, detalhei roteiros, adiantei possíveis gastos. A cada minuto Dandão ficava mais empolgado. Ao fim da explanação, ele agradeceu e me disse:

- Preciso de um tempo para dar uma resposta.

Confesso que saí frustrado. Eu achava que sairia dali já com a passagem nas mãos. "Ele não vai confiar a um fotógrafo sem experiência em coberturas de conflitos uma missão destas sem antes checar tudo", pensei, como forma de aliviar a ansiedade.

Passados alguns dias, em uma terça-feira tranquila, enquanto limpava minhas lentes no fundo da redação, Fernando entrou e, antes de seguir para sua sala, fez um sinal com o braço, ordenando que eu fosse até ele.

Enquanto eu o observava, ele ligou o computador em silêncio com toda a sua calma, sentou-se e organizou um maço de papéis, batendo-os contra a mesa, a fim de deixá-los alinhados.

Se você reclama que o computador demora para ligar atualmente, tente se lembrar daquela época. Esperei. Esperei. Esperei. Até que ele abriu o e-mail e virou a tela em minha direção.

- Selvinha, leia isto!

Era o e-mail do secretário de redação da *Folha de S.Paulo*, Fernando Canzian, dizendo que aquele jornal bancaria a viagem, mas, para isso, eles enviariam um repórter especial deles comigo.

Dandão explicou que o *Notícias Populares* não teria verba para custear uma cobertura daquelas e que não viu outra saída senão pedir à *Folha*, jornal do mesmo grupo empresarial, que avaliasse a pauta.

- Se quiserem, podem mandar toda a editoria de repórteres especiais deles comigo, Dandão! O importante é que nós estaremos lá! - comemorei, sorridente.

- Vocês embarcam no sábado dia 22 - decretou ele.

Mas, enquanto eu caminhava pela redação em direção à mesa do computador, a fim de preparar a viagem, uma ligação me deixou com um nó na garganta.

Minha esposa, Roseli, que morava em Ribeirão Preto e estava grávida do meu primeiro filho, Gabriel, me ligou do médico dizendo que o ultrassom mostrava que o bebê estava ótimo e que a previsão para o parto era o fim do mês.

Exatamente no período em que eu estaria na Colômbia.

Foi nesse momento que experimentei, pela primeira vez, um dos grandes dilemas de quem decide embarcar nesta profissão. Submergir no porão desta sociedade nos cobra, também, decisões dolorosas.

Por exemplo, optar entre acompanhar o nascimento do primeiro filho ou seguir para o campo de batalha.

Precisava dar a notícia de que eu viajaria para um país em conflito. Mas não sabia como. E a notícia teria de ser dada por telefone, já que eu precisava preparar tudo em poucos dias e não daria tempo de viajar para Ribeirão Preto.

Não existe outra forma de dar uma notícia ruim que não seja ser direto.

- Amor, o jornal autorizou a viagem para a Colômbia e eu vou embarcar no sábado. Pelo cronograma, dá para voltar a tempo de acompanhar o nascimento do Gabriel.

Era mentira.

***

Eu sabia que eu não conseguiria voltar a tempo. Acho que nem a minha esposa acreditou que eu conseguiria presenciar o nascimento de nosso filho, mas não deixou transparecer, já que sabia que aquela seria a cobertura mais importante da minha vida.

E no dia 22 de julho de 2000 embarquei para a Colômbia seguido pelo experiente repórter especial Thomas Traumann.

Na capital colombiana, Bogotá, ficamos três dias, seguindo o roteiro previsto. Visitamos o editor do jornal comunista *La Voz*. Entrevistamos, também, a senadora Íngrid Betancourt, que, alguns meses depois, foi sequestrada pela guerrilha das Farc e passou quatro anos em cativeiro.

Na terça-feira 25 de julho embarcamos para a floresta colombiana, no sul do país.

Perto do meio-dia, começamos o processo de aterrissagem na pequena cidade de San Vicente del Caguán, região controlada pela guerrilha. Da janela do pequeno e barulhento avião monomotor, avistei alguns guerrilheiros armados com seus fuzis AK-47 às margens da pequena pista de pouso _mostrando os sinais mais fortes, até então, do conflito daquele país.

Ao desembarcar, senti a boca secar, um dos primeiros sintomas que o corpo demostra na iminência de um perigo. Ela secaria muitas vezes ao longo da minha carreira.

Depois de recolher as mochilas, ainda na pista, resolvemos nos apresentar aos guerrilheiros e dizer que o comando da guerrilha nos aguardava.

O guerrilheiro que parecia ser o mais graduado olhou nossas credenciais, colocou-as no bolso e ordenou que três colegas dele nos conduzissem até a saída do precário aeroporto, onde um jipe estava estacionado.

Embarcamos sem fazer perguntas e sem a menor ideia do que aconteceria. E assim, juntamente com os guerrilheiros carrancudos e calados, seguimos por uma longa estrada de terra até a pequena cidade de San Vicente del Caguán.

O dia chuvoso dava a impressão de que a cidade havia sido tirada dos filmes sobre a guerra no Vietnã. Casas e pequenos comércios com as paredes sujas de lama devido às ruas sem asfalto. Galinhas correndo entre bois, cavalos espalhados pelo caminho. Moradores carregando pedaços de madeira transversalmente sobre os ombros, de onde pendiam frangos mortos à venda. Homens bebendo aguardente em bares improvisados, feitos de madeira e palha.

O jipe estacionou em frente a uma loja de ferragens, que mais parecia o mercado central. Somente então um dos guerrilheiros se dirigiu a nós, na parte de trás do veículo, e orientou que comprássemos botas de borrachas, tela mosquiteiro para proteção contra animais peçonhentos e repelentes. Sem questionar, fizemos o ordenado.

Seguimos depois por mais uma hora, por outra estrada de terra que cortava as montanhas colombianas, até a entrada do acampamento principal das Farc, a maior guerrilha da América Latina.

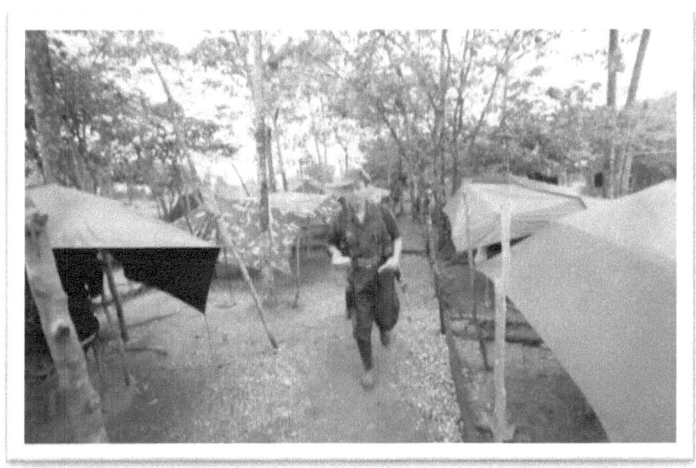

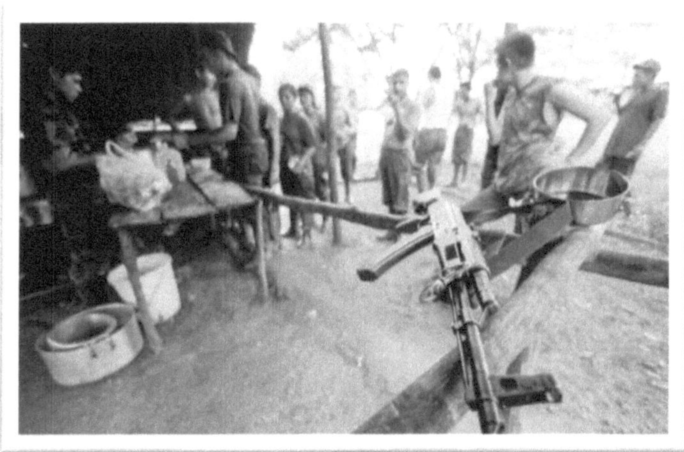

Vista do acampamento principal das Farc na selva colombiana

Fomos recebidos por um integrante com uma farda impecavelmente limpa, com o fuzil atravessado às costas. Ele nos cumprimentou com um aperto de mãos e perguntou se fomos bem recebidos.

- Vocês foram recomendados por Carlos Lozano, são bem-vindos - disse ele, aliviando minha tensão, já que era a primeira vez que sentia uma recepção calorosa naquele lugar inóspito e hostil.

Fomos convidados a esperar em uma cobertura com mesas e cadeiras de plástico. Pela movimentação de pessoas com roupas civis misturadas às de fardas da guerrilha entrando e saindo de uma tenda branca, não foi difícil deduzir que representantes do governo de Andrés Pastrana tinham acabado de participar de uma negociação da paz com membros das Farc.

Já escurecia quando um homem de barba grisalha, baixo, de óculos, aproximou-se de nós e estendeu as mãos como cumprimento. Ele foi breve, nos deu boas-vindas e ordenou que alguém nos encaminhasse para o acampamento no meio da mata.

Era Luis Edgar Devia Silva, conhecido como Raúl Reyes, então comandante máximo das Farc.

***

Quando Reyes virou as costas, um adolescente fardado, de não mais que 16 anos, ainda com espinhas na face carrancuda, pegou minha mochila e ordenou, a mim e a Thomas, que o acompanhássemos.

Fomos até o centro do acampamento para conhecer nossa barraca: quatro troncos finos fincados na terra e cobertos com uma lona verde. As camas eram duas tábuas. E só.

Para tentar tirar a carranca do rosto do jovem guerrilheiro, estendi a mão para cumprimentá-lo e perguntei seu nome. Ele olhou para a minha mão, voltou os olhos para mim como quem não estava entendendo e me cumprimentou.

- Felipe.

Em todo ambiente militar, os combatentes são ordenados a não expor suas emoções. Ali, na guerrilha, não era diferente. Mais tarde eu descobriria com Felipe que o semblante fechado poderia ter outro motivo: sofrimento.

 Já de noite, Felipe se aproximou de nosso acampamento enquanto organizávamos nossas mochilas e passou a ordem do dia:

- Amanhã levantaremos às cinco da manhã. A capitã me ordenou que eu o acompanhasse em tudo. Você só fotografa o que eu permitir, entendeu?

 Eu apenas balancei a cabeça, aceitando as ordens, e ele se afastou na escuridão da selva colombiana.

Naquela noite foi difícil dormir. Deitados nas duras tábuas que serviam de cama, eu e Thomas virávamos de um lado para o outro, utilizando as mochilas como travesseiro.

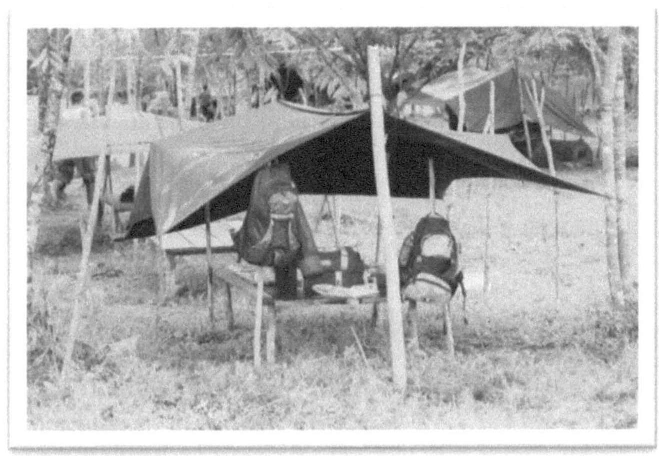

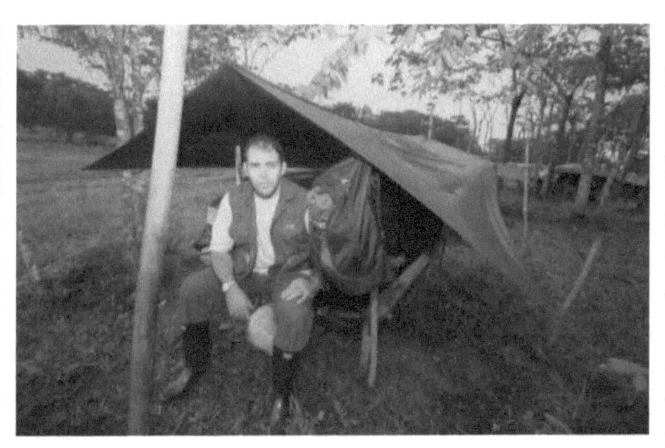

Barraca onde eu e o repórter Thomas Traumann dormíamos, no acampamento das Farc

No horário ordenado, Felipe já estava de pé ao lado da barraca. Sem nenhum gesto de camaradagem, perguntou:

- Agora temos os exercícios físicos até as sete da manhã, você quer acompanhar?

Levantei-me e respondi a ele positivamente. Mas, em tom baixo, resmunguei:

- Levantar para fotografar é melhor do que ficar deitado nestas tábuas duras.

Peguei minha câmera e segui para a clareira, bem no centro do acampamento, onde outros guerrilheiros já iniciavam exercícios físicos. Não era nada diferente de um treinamento em qualquer base militar. Comecei, então, a fazer minhas primeiras fotografias do grupo.

Logo depois da atividade, os raios de sol já se infiltravam pelas folhagens das árvores. O café da manhã foi servido, uma mistura de mingau de fubá com ovo.

Após a refeição, Felipe me guiou para apresentar o acampamento. Conforme íamos percorrendo o perímetro das barracas, ele disse, sério:

- Jamais ultrapasse. Só em caso de algum barulho de helicóptero do exército. Se isso acontecer, você corre para a floresta e se esconde que o resgataremos mais tarde, ok?

Não foi difícil entender que, a qualquer momento, helicópteros do exército colombiano poderiam sobrevoar e atacar o acampamento.

Durante o dia, Felipe seguiu firme na tarefa de me acompanhar e dizer onde eu poderia fotografar e onde eu não poderia.

Um desses locais ficava a cerca de 200 m do centro do acampamento, em uma outra clareira: um grande cercado de bambus e madeira, com uma presença maciça de guerrilheiros armados, mantendo guarda constante.

Descobri mais tarde que aquele local era onde as Farc mantinham presos civis e políticos.

***

O jeito taciturno de Felipe foi despertando em mim a curiosidade de saber mais sobre aquele jovem guerrilheiro. Queria entender os motivos que o tinham levado para a guerra. Eu imaginava questões ideológicas (era um jovem comunista, talvez?) ou financeiras (a guerrilha pagava uma quantia mensal aos combatentes).

Estava redondamente enganado.

Aos poucos, sutilmente, tentei quebrar o gelo. Algumas vezes falava de futebol, já que, ali na Colômbia, todos amavam o futebol brasileiro. Em outros momentos, fazia algumas piadas para ver se amenizava aquele clima tenso.

Mas o coração de Felipe provara ser um território ainda mais difícil de entrar que aquela enorme jaula de bambu guardada por guerrilheiros armados. O adolescente sequer alterava sua face, me ignorando na maior parte das tentativas de aproximação.

Foi então que, ao pegar minha bolsa e tirar algumas pilhas novas para reabastecer minha câmera, percebi um olhar diferente, quase faminto, de Felipe. Ele fitava uma de minhas mãos, que segurava as pilhas usadas.

Estiquei a mão e perguntei:

- Estas pilhas ainda funcionam bem, você quer?

Felipe parecia ainda não querer se despir daquele traje de batalha emocional, mantendo a firmeza no semblante. Mas eu percebia que ele parecia em um conflito interno para suplicar por uma trégua.

Sem dizer nada, ele trocou a alça do fuzil que carregava da mão direita para a esquerda e abriu a palma da mão, mantendo distância e demonstrando que era eu quem estava oferecendo _e não ele quem pedia_ aquele gesto de amizade.

Colocou as pilhas em um dos vários bolsos do uniforme camuflado e seguiu em frente.

O sol de fim de tarde descarregou seus últimos raios na floresta. Após a formação rotineira de fim de expediente militar, no centro do acampamento, a capitã que comandava aquele pequeno grupo liberou os guerrilheiros para um momento de descanso antes do jantar, que seria à base de carne e fubá.

Foi ali que descobri o porquê dos olhos desesperados de Felipe em direção às minhas pilhas usadas.

O adolescente seguiu para sua barraca com passos apressados, encostou seu fuzil na madeira que sustentava a lona, abriu uma lata e puxou um objeto pequeno e empoeirado. Soprou para tirar o pó e, com dedos atrapalhados, começou a tatear as pilhas no bolso da frente de sua jaqueta. Sua ansiedade beirava a obsessão.

O rapaz, finalmente, conseguiu introduzir as pilhas no objeto.

Um radinho.

A selva não só protegia os guerrilheiros. Ela também os isolava. Presos àquela vasta mata marrom e verde, eles não tinham como saber as notícias do mundo lá fora.

As pilhas eram a passagem de Felipe para Bogotá. Em pouco tempo, ele tentava sintonizar alguma rádio da capital. O chiado alto das ondas de rádio atraiu outros guerrilheiros, que começaram a cercar o adolescente. Muitos haviam deixado de lado o pratinho com carne e fubá quentes.

A fome de informação era maior.

Achei ali uma boa oportunidade de me aproximar dos hostis guerrilheiros. Corri até a minha barraca, peguei meu equipamento e segui de volta para o aglomerado de gente.

Olhei para aquele grupo em torno do radinho, peguei a minha câmera na mão, me preparei e... Comecei a trocar as pilhas.

Funcionou.

Os olhos do grupo, sedentos, corriam pelas pilhas recém-tiradas da câmera. Fiz o mesmo que havia feito com Felipe: estiquei a mão cheia de pilhas e perguntei:

- Vocês querem?

Foi como perguntar a um grupo de crianças se elas queriam sorvete.

Comecei a distribuir pilhas novas para os guerrilheiros e, em pouco tempo, o canto dos pássaros na mata foi trocado por todos os tipos de som saindo dos rádios. O acampamento parecia uma festa.

A sintonia mais ouvida era a de um programa de rádio que transmitia depoimentos de familiares presos pela guerrilha e refugiados da guerra. Mas havia também o som de músicas típicas.

Não demorou muito para um dos oficiais vir em minha direção a passos pesados. Estava sem camisa. Um dos ombros, cravejado de marcas de bala. Aguardei a repreensão, afinal, eu era a causa do tamanho alvoroço.

Ele aproximou-se e, sem muita cerimônia, perguntou:

- Você tem mais pilhas aí?

***

Concentrado ainda em descobrir a história de Felipe, fui até sua barraca e me sentei ao seu lado. Arqueei o corpo, colocando os cotovelos sobre as coxas, e apurei os ouvidos a fim de escutar o rádio. Felipe recusava-se a ouvir música. A estação transmitia direto da *plaza dos Desplazados*, um campo de refugiados na periferia de Bogotá.

Com um canivete, Felipe tirava lascas de madeira de um galho seco enquanto seus olhos se perdiam no chão de terra do acampamento. Resolvi ser direto.

- Como você veio parar aqui, Felipe?

O adolescente me olhou com ar de quem não gostou da pergunta e não esperava aquele tipo de intimidade. Voltou os olhos para o chão de terra por minutos.

Mas, talvez, pelo fato de eu ter lhe proporcionado um instante de paz, um pequeno escape de seu mundo frio e cruel, ele finalmente respondeu:

- Meu pai foi executado pelos paramilitares em nosso sítio.

 Percebendo a brecha, perguntei:

- Como foi?

E o adolescente desbancou a falar.

- Os guerrilheiros das Farc passaram em nosso sítio e pediram água. Depois foram embora, sem ameaçar ninguém. Horas depois, um grupo de paramilitares chegou e já foi quebrando tudo. Disseram que meu pai havia ajudado os guerrilheiros e que ele era um deles. Nos levaram para dentro de casa, ordenaram que eu e minha mãe sentássemos no chão, atrás de um sofá, enquanto meu pai era arrastado pelos cabelos até o centro da sala, de frente para o sofá. Não deu para ver direito, pois eu era mais novo, tinha 13 anos, o sofá era grande e minha mãe tampava meu rosto. Deu para ver apenas a ponta da cabeça dele... Ele estava ajoelhado em frente aos paramilitares...

Naquele momento, Felipe voltou a se calar. Como se seu silêncio fosse capaz de parar o tempo, como se tivesse o poder de impedir o que viria a acontecer naquela história segundos depois.

O rapaz levantou a cabeça e olhou para o horizonte. Eu respeitei o seu silêncio. Abaixei a cabeça e esperei, não lembro se por um segundo ou por uma hora. Lembro-me, sim, daquele canivete naquelas mãos pequenas e surradas, lascando aquele resto de madeira sem parar. Até que...

- Não vi nada, apenas ouvi o tiro. Depois, o paramilitar apontou a pistola em nossa direção e ordenou que levantássemos e corrêssemos para fora sem olhar para trás. Antes de sair, consegui olhar entre os braços de minha mãe em direção ao centro da sala, onde estava meu pai. Vi o sangue dele escorrendo de sua cabeça. Saímos correndo e, por muito tempo, seguimos apressados por uma pequena estrada de terra, sem olhar para trás. Minha mãe segurava minhas mãos com muita força, ao mesmo tempo em que olhava para frente sem saber o rumo a tomar. Seguimos durante algumas horas.

Felipe olhou para dois guerrilheiros que brincavam, dançando um com outro, no centro do acampamento, ao som de música. O olhar do adolescente era de desaprovação.

Percebi ali que aquele rapaz não apenas havia sido treinado para não mostrar sentimentos. Na verdade, sua alma, amarga, já não sabia mais o que era diversão.

Ele, então, concluiu:

- Eu soltei a minha mão da mão da minha mãe. Disse para ela seguir para Bogotá, que eu iria procurar os guerrilheiros das Farc para me vingar dos paramilitares. Corri para a mata e, antes de entrar, olhei para minha mãe pela última vez. Soube que ela foi para a Plaza dos Desplazados. É só o que eu sei.

Finalmente eu havia entendido o verdadeiro valor daquelas pilhas velhas. Felipe buscava, naquele pequeno rádio, a esperança de ouvir a voz de sua mãe.

Retirei a caixa de pilhas, onde ainda havia 25 delas, e ofereci tudo a Felipe. Ele estranhou.

- Estas pilhas devem durar alguns meses. É a chance de tentar ouvir sua mãe. Aliás, como ela se chama?

- Consuelo María Gutiérrez.

Foi a primeira vez que eu vi Felipe sorrindo. Ele esticou sua mão e me cumprimentou voluntariamente, agradecendo. Como quem esconde um tesouro, abriu a lata onde guardava seu radinho velho e acomodou as pilhas, primeiro lado a lado, depois umas sobre as outras, como se fossem balas em sua cartucheira.

E aquelas 25 pilhas passaram a ser a mais poderosa munição de Felipe. A munição de uma batalha interna, da qual o objetivo era claro: reencontrar a sua mãe.

***

O resto dos dias foram mais fáceis. A rotina se manteve: sempre ao cair da tarde, Felipe se recolhia para sua barraca e, durante uma hora e meia de programa, seus olhos ficavam fixos no chão de terra, mas o radinho velho não descolava de seu ouvido.

Em meu último dia no acampamento, 31 de julho, pouco depois do almoço, um apito longo convocou os guerrilheiros para a clareira no centro.

Eu estava sentado em minha barraca, junto com Thomas, checando se tudo de que precisávamos para uma boa reportagem havia sido feito. Embarcaríamos em um jipe de volta ao aeroporto em alguns minutos.

Felipe passou por nós correndo e se apresentou à superior como todos os outros. A capitã deu algumas ordens que não consegui entender. Mas logo o grupo se dividiu. Uma parte voltou para os afazeres do acampamento, a outra seguiu em direção à mata. Este grupo tinha guerrilheiros devidamente armados e com suas mochilas nas costas. Era certo que estavam saindo para alguma operação.

Felipe estava neste grupo. Seguiu a passos rápidos sem olhar para minha direção.

Não haveria aceno de adeus.

Havíamos passado os últimos dias juntos e eu já considerava aquele sofrido rapaz um amigo. Peguei minha câmera, que estava com uma lente teleobjetiva (que capta à longa distância).

Mirei para as costas de Felipe, que descansava a ponta de seu fuzil AK-47 no ombro esquerdo.

Eu me mantive ali por vários segundos, ajustando o foco conforme o adolescente se afastava. "Vira, Felipe, vira... Olha para mim..."

Mas ele não olhou para trás.

Eu queria levar comigo a lembrança daquele guerrilheiro. Mas só a memória não me bastava. A memória só resiste ao período de uma vida. O tempo consome seus detalhes, enfraquece suas estruturas e, inevitavelmente, a apaga. Para sempre.

A fotografia é bem diferente. Capta aquele momento único da forma exata como aconteceu, com todos os seus detalhes. E se há uma coisa no mundo que o tempo é incapaz de mudar é uma fotografia.

Uma fotografia, qualquer fotografia, pode ser eterna. Ela é a verdadeira máquina do tempo, com o poder de fazer voltar ao passado.

Momentos antes de sumir no meio da vegetação, Felipe sentiu um arrepio na nuca. Era seu sexto sentido alertando-o. O garoto-guerrilheiro com a AK-47 percebeu que algo estava sendo apontado para ele e virou o rosto para trás.

Não era uma arma inimiga. Era a minha câmera.

Click.

"Consegui. Você agora é imortal, Felipe."

Desembarcamos em Bogotá à noite com a notícia de que meu primeiro filho havia acabado de nascer. Olhei no relógio e já passava das nove e meia _duas horas a menos do que no Brasil. Thomas me convidou para uma bebida no bar do hotel, com direito a um charuto que havia comprado no aeroporto.

Antes, fui até a sala de internet. Acessei meu e-mail e vi uma mensagem de minha irmã, Wanezza, com fotografias feitas por ela: Gabriel nos braços de uma enfermeira, ainda na maternidade. Imprimi as fotos e guardei-as no bolso.

Passamos algumas horas tragando aquele charuto infinito e bebendo. Depois que Thomas se recolheu para o quarto, passei o resto da noite refletindo sobre o que havia acontecido enquanto me embebedava solitariamente com alguns tragos de cachaça colombiana naquele bar vazio.

Eu comemorava o nascimento distante do meu filho enquanto presenciava de perto as mortes de um país em conflito. O mundo realmente é um paradoxo. Quantas coisas podem acontecer em um estalo de tempo, em um clique de uma câmera? Uma pessoa lê um livro sob um relaxante silêncio enquanto, em outra parte do mundo, populações inteiras ouvem explosões de bombardeios, tiros e sirenes. Enquanto alguns comemoram a vida, outros choram a perda. Tudo ao mesmo tempo.

Achei melhor parar de beber e voltar para meu quarto, levando as folhas impressas com as fotos do recém-nascido Gabriel. Com uma fita adesiva, colei os papéis pelo quarto todo.

"Enquanto eu permanecer neste quarto, você vai ficar aqui comigo, filho", pensei.

Na manhã seguinte, a camareira deu um grito ao entrar no quarto. Ela se assustou com aquelas fotografias de criança penduradas na parede. Claro que, quando expliquei que era meu filho recém-nascido, ela me parabenizou e disse que iria orientar as colegas a não tocar nas fotografias.

***

Naquele dia, iríamos visitar a *plaza dos Desplazados*, mas, no café da manhã, Thomas me informou de que ele teria uma entrevista com um ministro colombiano que confirmou de última hora. Eu teria que seguir sozinho para o campo de refugiados.

Contratei, por US$ 40, um casal de guias que já havia morado na *plaza* e que conhecia bem a região: José Miguel e Maria do Rosário.

Depois de uma hora chacoalhando em um velho ônibus, chegamos a uma das maiores zonas de refugiados da Colômbia. O campo mais parecia uma grande favela escondida atrás das altas montanhas da cordilheira. Homens, mulheres e crianças se amontoavam em casas de latão no meio da lama. A água era retirada das montanhas e a luz, obtida a partir de ligações clandestinas. Embora havia transporte público, era longa a caminhada para chegar até o ponto de embarque. Isso quando os moradores tinham dinheiro para pagar a tarifa.

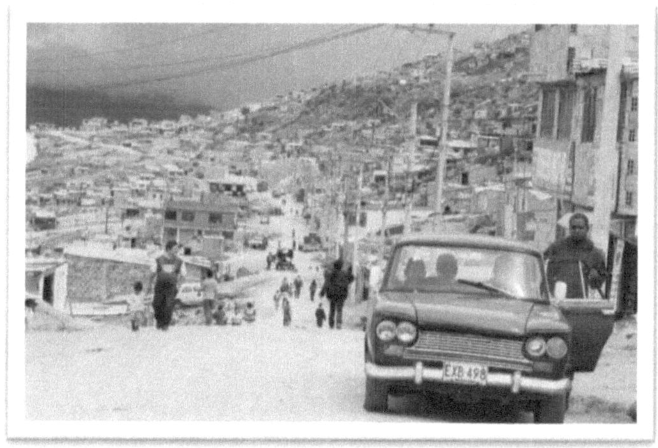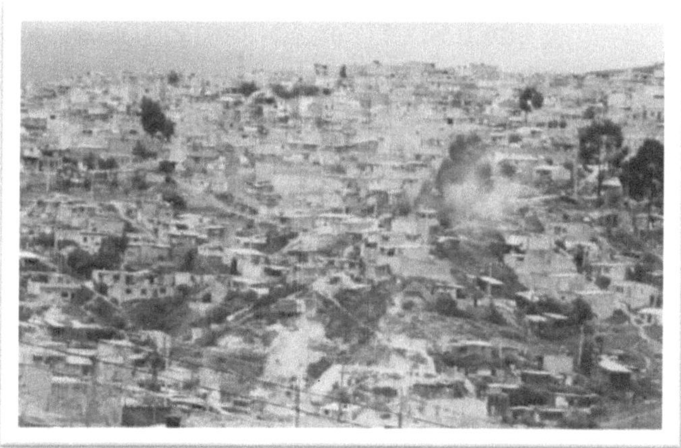

Plaza dos Desplazados, na região de Bogotá, uma das maiores zonas de refugiados da Colômbia

A segregação colombiana estava exposta bem ali. Enquanto os desabrigados se amontoavam em barracos na *plaza dos Desplazados*, do outro lado da cordilheira uma outra população vivia em casas confortáveis e ruas asfaltadas.

- A Colômbia é dividida entre aqueles que estão desabrigados, têm uma lata para morar e comem apenas uma vez por dia, e aqueles que moram em casas de alvenaria e que comem churrasco nos restaurantes do outro lado desta montanha - disse José Miguel.

Depois de desembarcarmos, não pude deixar de pensar na mãe de Felipe.

- Vocês conhecem uma mulher de nome Consuelo María Gutiérrez?

Eles olharam para baixo, como se buscassem o nome na memória, mas balançaram a cabeça negativamente.

- Não é difícil descobrir, é só ir ao posto de saúde, lá ela deve ter registro - disse Maria do Rosário.

Pensei em seguir para o posto, mas precisava colher mais histórias, e o lugar se tornava perigoso conforme avançávamos barracos campo adentro.

Desisti de ir atrás de Consuelo.

Nove dias depois, eu e Thomas embarcávamos de volta ao Brasil. Após um tempo em Ribeirão Preto, recuperando o tempo distante de casa e curtindo o filho recém-nascido, recebi uma ligação do meu chefe, que solicitou a minha presença na redação, em São Paulo, para que eu ajudasse a editar o material.

Esmiuçamos toda a complexa realidade colombiana em uma série de reportagens publicadas por cinco dias em sequência nas páginas do *Notícias Populares* e da *Folha de S.Paulo*.

Para o quinto dia, que seria um domingo (edição mais importante de qualquer jornal), Dandão pediu que eu escrevesse sobre uma pessoa que pudesse sintetizar a realidade colombiana. No jargão jornalístico, seria um texto sobre um *personagem*: o perfil de alguém que pudesse traduzir, com a sua história pessoal, toda a complexidade do conflito, dando um rosto a ele.

Não pensei duas vezes.

- Dandão, o nome desse personagem é Felipe. Pode reservar um bom espaço no jornal.

Para contar a história de Felipe, porém, eu precisaria completar, no Brasil, uma apuração que não havia terminado na Colômbia: ir atrás de sua mãe.

***

- Alô, José Miguel, é o Joel Silva, fotógrafo. Você e sua esposa, Maria do Rosário, me levaram para a *plaza dos Desplazados*, lembra?

- Sim, senhor Joel. Posso ajudar?

- Preciso de um favor. Vocês conseguem algum contato daquela mulher de nome Consuelo María Gutiérrez? Quando eu estive aí eu não consegui ir ao posto médico.

- Claro, senhor Joel. Vou precisar de um tempo. Ligue mais tarde, por favor.

 Quatro horas depois, retornei a ligação.

 - Senhor Joel, consegui encontrar a dona Consuelo, ela mora no campo, sim.

- Que ótima notícia, José!

- Mas as notícias não são boas.

- O que houve, ela está bem?

- Ela está bem, sim. Mas seu filho morreu.

Fiquei mudo por um bom tempo.

- Alô?

- Estou aqui, José. Me diga... Como ele morreu?

- Está uma confusão aqui. Estão dizendo que foram os paramilitares, em uma emboscada nas montanhas perto de Quimbaya.

- Consegue me contar melhor essa história?

- Não sei dizer... Me ligue à noite. Vou retornar ao campo e ver com a mãe dele se ela consegue me contar mais. Ela está muito mal...

- Ok, então, ligo mais à noite. Obrigado.

Depois de desligar, repassei tudo na minha cabeça e percebi que, tomado pelo susto, esqueci-me de perguntar uma coisa essencial. Voltei a telefonar para José.

- Alô, José? Sou eu novamente. Você sabe me dizer o nome do filho dela?

- Não, senhor Joel, mas vou perguntar, também.

- Por favor, eu conheci um garoto na guerrilha que se chamava Felipe. Verifique se é filho dela, ok?

- Sim, senhor!

Passaram-se outras longas quatro horas até que, às 21h (19h na Colômbia), fiz o telefonema. Quem atendeu foi Maria do Rosário, que disse que José ainda não tinha voltado do campo de refugiados. Ela me orientou a ligar no dia seguinte. Concordei e desliguei.

Passei a noite inteira torcendo para que tudo tivesse sido um mal-entendido. Talvez fosse outra mulher de nome Consuelo. Ou, quem sabe, um outro filho dela é que tinha morrido. Ou o guia estava mentindo para tirar mais dinheiro de mim.

Eu imaginava todas as possibilidades, por mais improváveis que fossem, porque a questão é que não poderia ser o Felipe. Aquele adolescente não poderia ter morrido assim. Não sem ter se vingado da morte do pai. Não sem ter reencontrado a mãe.

Eram 11h do dia seguinte quando consegui falar com José novamente.

- Senhor Joel, tudo bom?

E antes mesmo que eu pudesse devolver o bom dia, veio a notícia.

- É o rapaz, mesmo. Felipe. É o nome do filho morto da senhora Consuelo.

***

- Senhor Joel, Felipe era guerrilheiro das Farc. Ele foi alvo de emboscada e foi capturado vivo nas montanhas de Quimbaya. Foi torturado. Queriam que ele dissesse onde estava o resto do grupo. Mas ele não falou nada... Está aí, senhor Joel?

- Sim... Sim, José, continue... - mas eu não estava mais lá naquele momento.

Ao receber a notícia, meu pensamento me jogou de volta ao tempo, para a última vez em que olhei nos olhos de Felipe. Naquela fotografia, o garoto havia olhado bem para o centro da minha lente. Seu olhar passa por sobre o fuzil repousado em seu ombro esquerdo e se encontra com os meus... Pela lente da câmera.

- A polícia encontrou Felipe com um tiro à queima-roupa na cabeça, na margem de uma estrada de terra. A comissão de direitos humanos está denunciando os paramilitares por crime de guerra.

- Quando foi isso, você sabe, José?

- Foi no começo do mês, dia 3 de agosto. Mas só encontraram o corpo dois dias depois.

Felipe morreu três dias depois da foto que o havia imortalizado.

Havia sido executado exatamente como o pai, como se cumprisse um destino, uma sina. A mesma mão do carrasco que atirou contra a cabeça de seu pai pode ter atirado contra a cabeça de Felipe. Ambos sem chance de defesa.

Rendido, deveria ter tido um tratamento justo como prisioneiro, mas, em uma guerra, a verdade é camuflada. Reforçando a frase do dramaturgo grego Ésquilo: "Na guerra, a verdade é a primeira vítima".

Felipe insurgiu na guerrilha imbuído do sentimento de revolta, de vingança pela morte de seu pai. Sentimento que o levou para a própria morte.

A maior parte daqueles jovens guerrilheiros foi aliciada por esse sentimento de revolta. Poucos pegam em armas por ideologia política. A revolta é um sentimento que domina boa parte da população colombiana.

A guerra segrega. E transforma pessoas em puro ódio.

O irônico é que os momentos de conflito também revelam o que há de melhor no ser humano.

- Obrigado, José, me diga quanto você gastou nessas viagens para eu te enviar o dinheiro?

- Não precisa, senhor Joel, estamos aqui para ajudar!

E o guia desligou o telefone.

Quem vive a guerra bem de perto consegue entender o que é o sentimento de solidariedade, muitas vezes incompreensível para aqueles que estão em sua zona de conforto, longe das tragédias humanas.

As pessoas que vivem no meio de um conflito doam o que podem para aliviar a dor dos mais atingidos. José Miguel e Maria do Rosário cobraram US$ 40 para me levar à *plaza dos Desplazados* para meu trabalho de reportagem. Mas, diante da tragédia de Consuelo, fizeram três viagens até o local, perderam dois dias de trabalho e não cobraram absolutamente nada.

Ao desligar o telefone, me lembrei daquelas 25 pilhas, que deveriam estar na caixa de metal, ao lado do velho e empoeirado radinho. Elas não mais serviriam para fazer a conexão entre um guerrilheiro que lutava contra toda a adversidade de um conflito e sua mãe, lançada em um campo de refugiados na periferia de Bogotá.

Passei alguns dias refletindo sobre tudo o que tinha acontecido. Resolvi imprimir, em papel fotográfico, cinco cópias da foto de Felipe e enviar para o casal José Miguel e Maria do Rosário, juntamente com uma nota de US$ 50. Na carta, pedi para ficarem com o dinheiro para o pagamento das despesas das viagens até o campo de refugiados. Solicitei, também, que entregassem as fotos para Consuelo, como presente pessoal meu.

Se existia alguma coisa que eu poderia fazer naquele momento era dar a oportunidade àquela mãe de olhar para o seu filho até os últimos dias de vida dela. Mesmo que fosse uma imagem fixa em um papel, um momento congelado, um instante gravado na foto.

Sempre que Consuelo quisesse, os olhos de seu filho, Felipe, estariam voltados, fixos, para os dela.

Alguns meses depois, entrei na redação e o garoto que cuidava das correspondências do jornal me abordou.

- Selva, tem uma carta aqui para você!

Peguei o envelope. Era da Colômbia.

A carta estava em espanhol. O remetente era alguém bem conhecido.

"Meu amigo Joel,

Tenho as fotos do meu amado filho, Felipe, que segue vivo, e acredito serem as únicas imagens de sua passagem nesta Terra. Você deve ser um homem iluminado. Deus colocou Suas mãos em seus olhos e fez com que você retratasse meu filho na única forma que o vejo, como um guerreiro, e não como um guerrilheiro. Que lutou contra as adversidades da vida e a morte de seu pai.

Assegure-se de que diminuiu a dor do coração de uma mãe, que sofre com a morte de seus familiares, nesta guerra que não é minha, mas roubou minha família.

Deus lhe dê tudo de bom.

Consuelo María Gutiérrez. ”

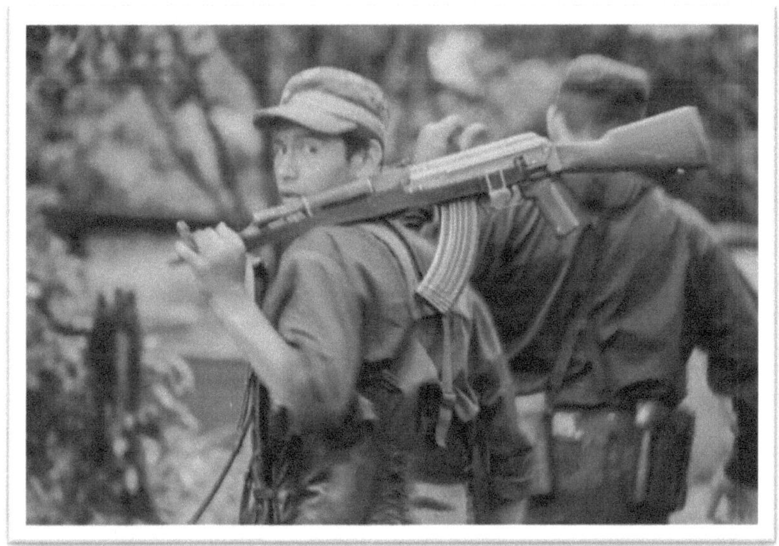

O guerreiro Felipe.

A ocupação no Alemão

O som de um helicóptero rasgando o céu próximo ao 22º andar do edifício onde eu morava, no centro de São Paulo, me fez abrir preguiçosamente uma pequena fissura do olho, temendo o clarão do sol da manhã, que atravessava a janela e insistia em penetrar na escuridão dos meus pensamentos matinais. Era fim de novembro de 2010, um atípico verão, terrivelmente quente.

O *Notícias Populares* havia parado de circular no dia 20 de janeiro de 2001. Desde então eu havia sido alçado a fotógrafo da *Folha de S.Paulo*, que ficava a duas quadras do meu apartamento.

Nesse período eu havia ascendido nas coberturas diárias. Já não corria mais entre crimes nos plantões da madrugada de São Paulo. Elevei o nível de meus mergulhos nas camadas mais profundas da sociedade acumulando algumas experiências de conflitos urbanos: em 2010, mesmo, tinha viajado à América Central, onde cobri o golpe militar em Honduras e também as gangues em El Salvador.

Parecia que a América Central borbulhava a revolta social. Em Honduras, grupos de esquerda travavam uma guerra nas ruas para devolver ao poder o presidente Manuel Zelaya, eleito legalmente pelo voto e deposto por militares insatisfeitos com seu governo e com suas tentativas de se perpetuar no poder com projetos de leis que facilitavam sua recandidatura.

Com o golpe militar deflagrado, Zelaya se refugiou na embaixada brasileira em Tegucigalpa, capital de Honduras. Lá, passei 15 dias em meio a toques de recolher, bombas de gás lacrimogêneo e velórios de vítimas dos confrontos de rua. Grupos pós e contra o golpe se enfrentavam na capital e nós, jornalistas, éramos constantemente agredidos com paralelepípedos arremessados por manifestantes escondidos.

No país vizinho, El Salvador, gangues de jovens com suas típicas tatuagens no rosto, cada uma com estilo diferente, demarcando sua tribo, enfrentavam-se em uma guerra incompreensível nas comunidades marginalizadas na periferia da capital, San Salvador. A guerra entre as gangues era medida pelos enterros diários, marcados por gritos e manifestações de vingança.

Uma morte puxava a outra e, com isso, alimentava a violência na camada mais pobre da população. Nada diferente da periferia das grandes cidades do Brasil, como Rio de Janeiro e São Paulo.

Ainda lutando contra a necessidade de abrir os olhos, tateei, com a mão, o criado-mudo e peguei o controle remoto para ligar a TV. O som do helicóptero insistia em perturbar meus pensamentos matinais, porém, desta vez, o barulho da aeronave vinha da televisão, acompanhado da voz de um repórter.

Arregalei os olhos.

As cenas de dezenas de homens com fuzis AK-47 apontando para o alto, sem camisa e percorrendo um morro me tirou da cama. Eu não acreditava naquelas cenas, que mais pareciam um filme de combate.

Nunca esquecerei a frase ao pé da tela.

"Guerra no Rio de Janeiro."

***

Traficantes corriam para o alto de um morro. Alguns estavam a pé; outros, da alta hierarquia criminosa, seguiam sentados em carrocerias de camionetes importadas. Eles estavam sendo expulsos por tropas militares, que, naquela manhã, realizavam uma operação em direção ao topo do morro do Alemão, zona norte do Rio de Janeiro.

Todos os elementos de uma guerra estavam expostos na minha tela de TV. Fuzis, helicópteros militares, tiros para o alto e gente correndo com o corpo arqueado, tentando se proteger das balas.

Fui correndo para o jornal. Encontrei, no hall do elevador, o jornalista Rogério Gentile, que acenou para mim. Gentile era, à época, secretário de redação, um dos mais altos cargos na hierarquia da *Folha de S.Paulo.*

- Joel, você está acompanhando o que está acontecendo no Rio?

- Sim, eu vi pela TV.

- Temos dois fotógrafos lá. A situação está fora de controle e acho importante reforçar a equipe. Queremos que você vá para lá, tudo bem?

- Sim, estou pronto.

- Prepare tudo, então. Você embarca amanhã de madrugada para o Rio.

Peguei o voo às 6h do dia seguinte. Uma hora depois, desembarcava no Rio e seguia direto para a sucursal da *Folha*, na rua Santa Luzia, bem perto do aeroporto Santos Dumont, no centro.

Depois de me apresentar à chefia local, fui direto para a zona norte. No caminho, a rádio informava que um fotógrafo da agência de notícias inglesa *Reuters* acabara de ser atingido no ombro e estava sendo levado para o hospital. Sua situação era estável.

Foi a segunda vez na profissão que senti minha boca secar.

***

Ao chegar a uma rua que dava acesso ao morro do Alemão, vários colegas distribuídos ao longo de um muro buscavam proteção, indicando que as balas disparadas pelos marginais do alto do complexo de favelas poderiam cortar a rua e atingir qualquer um.

Desci correndo do carro e me juntei ao grupo carregando colete balístico, capacete e cinto com lentes e câmera.

Conversei com alguns fotógrafos e repórteres por lá. Um me chamou a atenção pelo seu sotaque. Era, definitivamente, gaúcho. Cumprimentamo-nos e nos apresentamos *à la* jornalistas: nome-sobrenome-veículo.

- Joel Silva, *Folha*.

- Humberto Trezzi, *Zero Hora*.

Trezzi foi simpático e acolhedor, com seus *bahs* e *tchês*. Lembro de conversarmos avidamente sobre a cobertura por uns 20 minutos, até que um fotógrafo carioca, acostumado com aquela rotina, nos alertou.

- Pessoal. Fiquem espertos. Não vacila que toma bala!

"Fiquem *ixxxpeiiiirrrtuxxx*", repeti, mentalmente, brincando com o sotaque do colega. Mas o alerta foi prudente. E me fez retornar à concentração para observar o que acontecia ao redor.

Soldados empunhando fuzis (apontados para o alto do morro) atravessavam a rua de tempos em tempos e se posicionavam para um eventual tiroteio. Naquele momento, alguns moradores caminhavam tranquilamente pelas vielas, apáticos a toda aquela movimentação e às balas que cortavam o ar sobre suas cabeças.

Não tinham medo. Já estavam acostumados a tudo aquilo.

Na comunidade, a vida segue rente ao conflito urbano. Os moradores, excluídos dos olhos do Estado, tornam-se reféns da marginalidade. Eles já sabiam que, ao primeiro sinal de recuo das tropas para o quartel, os traficantes voltariam a dominar a área e, assim, a comandar sua pobre rotina.

Nem os traficantes nem o Estado pagam as despesas no final do mês.

Foram três dias de tensão no Alemão. Soldados do exército tomaram posições na parte baixa da comunidade e se preparavam para o Dia D. Uma megaoperação para tomar o alto do morro estava em curso para o domingo bem cedo, elaborada pelo governo e o alto comando militar na tentativa de libertar aquela população das mãos dos traficantes.

Pelo menos esse era o plano.

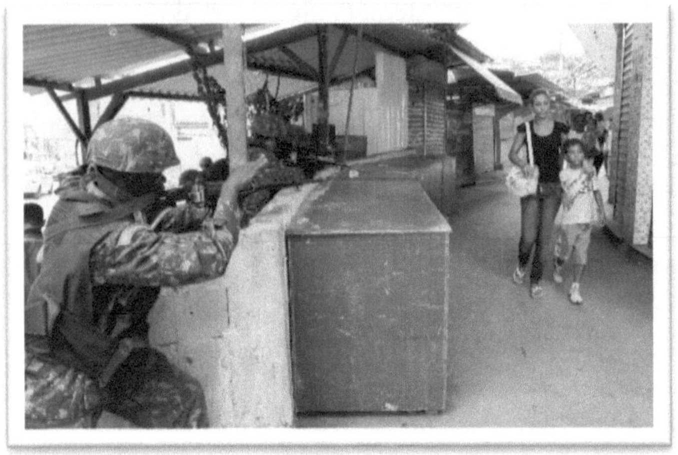

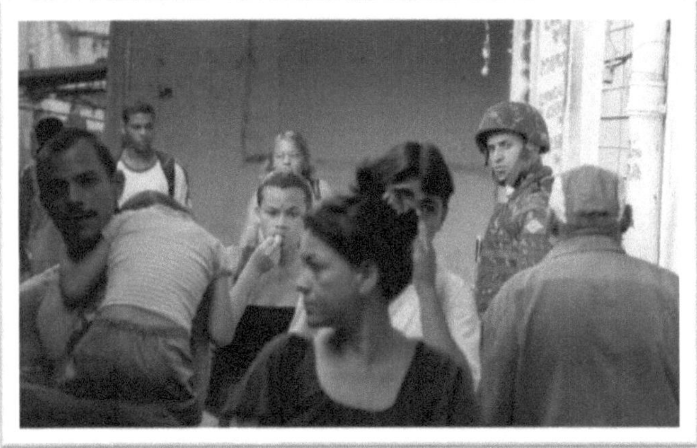

Soldados do exército na entrada do complexo do Alemão.

Naquele domingo, cheguei de madrugada àquela mesma rua na qual fotografamos a movimentação militar, sem avançar uma viela acima, por três dias.

O clima estava aparentemente calmo. Um silêncio malandro fazia crer que aquele dia seguiria assim. Mas as previsões militares eram as de que a grande operação de retomada do morro do Alemão começaria às sete em ponto.

O comando alertou que a ação seria perigosa e, por isso, ordenou que nenhum jornalista, fotógrafo ou cinegrafista acompanhasse as tropas durante a operação. Caso algum profissional subisse o morro, seria por sua conta e risco.

Exatamente às 7h, o primeiro helicóptero blindado fez um voo rasante junto à entrada do morro, como se anunciasse a grande escalada militar rumo ao alto do Alemão. A movimentação de blindados da Marinha, com tropas seguindo seu rastro, mostrava que não haveria resistência por parte dos traficantes. Assim, em uma hora de operação, os jornalistas foram liberados para entrar na comunidade e registrar toda a operação.

Não houve um único disparo. Os traficantes haviam fugido.

Centenas de policiais civis e militares e soldados do exército percorriam por vielas já limpas de bandidos. As ruas tinham motos caídas, abandonadas pelos bandidos, aos montes.

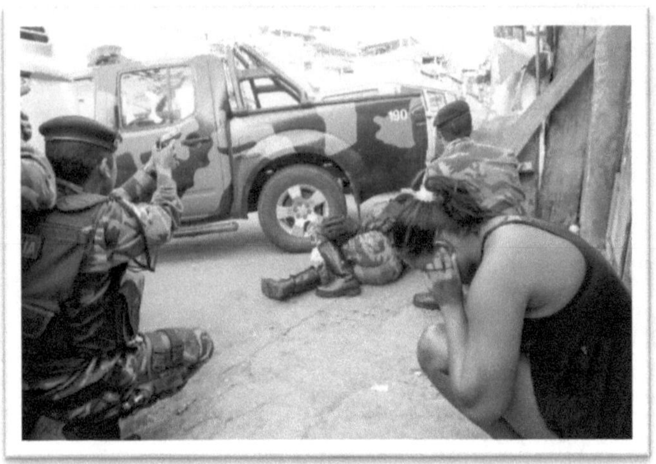

Morador tenta se proteger durante troca de tiros na comunidade.

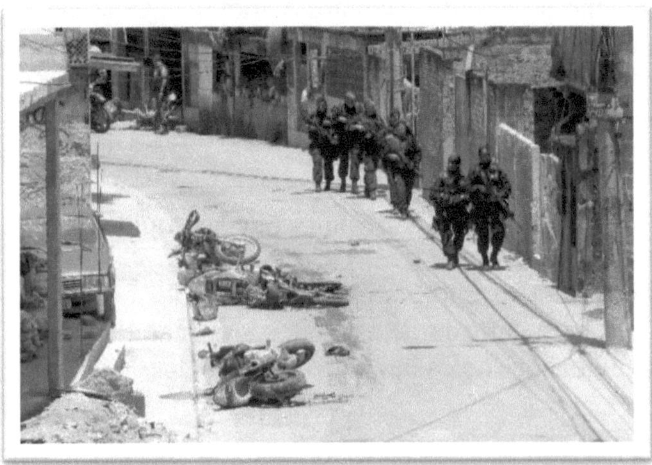

Agentes percorrem ruas do morro do Alemão para expulsar traficantes; bandidos fugiram antes.

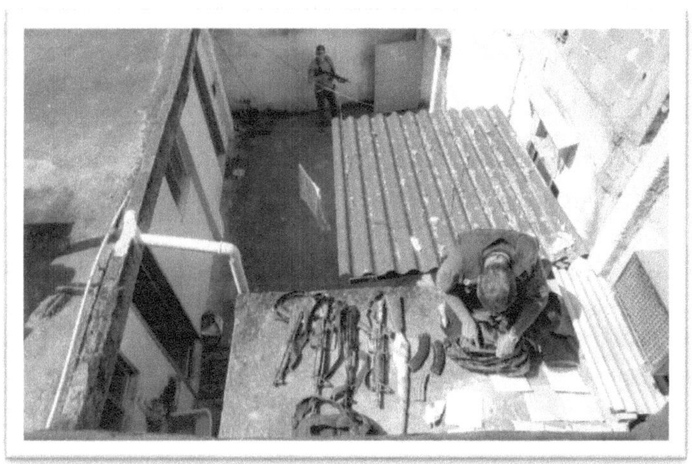

Policial com armas encontradas em casa abandonada.

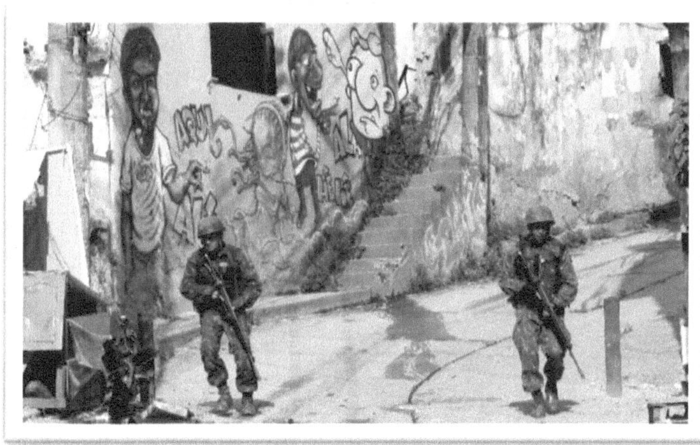

Soldados do exército fazem varreduras em ruas da comunidade

A cada minuto, gritos de policiais ecoavam do alto da comunidade, comemorando o encontro de armamentos e munição escondidos em barracos.

Os gritos não eram apenas de comemoração. Eram chamados. Os agentes queriam que os jornalistas registrassem sua vitória.

Eu percorria, perdido, pelas vielas do Alemão, à procura de uma imagem que significasse tudo aquilo. Mas só encontrava o lugar-comum: policiais comemorando a operação, exibindo armamentos e drogas encontrados.

Para mim, aquelas imagens tinham um significado importante, mas não eram o principal retrato do Dia D.

Perto do meio-dia, resolvi parar em um bar e tomar um chá gelado, para aliviar o calor de 40º C daquele domingo. Enquanto era servido pelo dono do bar, ele fez um sinal de "aproxime-se" com os dedos. Me inclinei sobre o balcão e ele disse em tom bem baixo:

- Segue aquela escadaria pintada de verde e amarelo. Ao final dela, à esquerda, tem uma mansão com portão dourado. É lá que morava o traficante. Está cheio de policiais lá dentro, revistando tudo!

De reflexo, olhei rapidamente na direção da escadaria. Quando me voltei para o dono do bar, ele fez um gesto extremamente rápido: ergueu as sobrancelhas e, com a ponta do dedo indicador, puxou levemente para baixo a pele sob o olho direito. Depois, voltou a fingir limpar o balcão.

O gesto é universal: "Fique de olho".

- Ainda tem muito olheiro de traficante aqui, toma cuidado porque eles estão observando todo mundo!

Em um primeiro momento, pensei que aquela informação da casa do traficante não seria útil para mim. Afinal, passei a manhã toda fazendo imagens de policiais revistando casas e apreendendo fuzis e munição.

Eu tinha uma outra informação que talvez fosse mais valiosa. A de que policiais do Bope (Batalhão de Operações Policiais Especiais) ergueriam a bandeira do Estado do Rio de Janeiro bem no alto do morro, indicando a conquista total da comunidade.

Seria uma fotografia que remeteria a inúmeros ícones da memória coletiva mundial _dentre os quais talvez o mais famoso seja o da bandeira dos Estados Unidos na Lua. Seria uma excelente foto para a capa do jornal, pensei.

Mas essa fotografia não teria meu nome no crédito. Um dos meus colegas me avisou que estava bem mais próximo daquele local e que já estava a caminho.

***

Restou-me, então, a segunda opção. Depois de tomar meu chá gelado, deixei R$ 7 com o dono do bar (R$ 5 da bebida e R$ 2 de gorjeta, como agradecimento pela dica) e comecei a caminhar em direção à escadaria.

Logo ao sair do boteco, porém, encontrei-me com um colega da agência internacional *AP*. Contei a ele o que havia ouvido e subimos juntos pela escadaria até a casa de portão dourado.

Não havia o porquê de esconder aquela informação de um colega naquele momento. No jornalismo, é claro que o furo é muito importante. Mas em grandes coberturas de campo, os profissionais acabam se unindo pelo bem maior. Um dia você passa uma informação bacana a um colega, no outro ele lhe passa outra. É assim que funciona. Já vi muitos repórteres e fotógrafos perdendo fontes e até o emprego porque tinham fama de "fominhas" ou "fura-olhos".

O portão aberto indicava que não haveria problemas em entrar naquela casa sem pedir autorização. Era mesmo uma mansão.

Conforme entrávamos, ouvíamos gritos de crianças. Corri, seguindo os sons, subi um lance de escadas e cheguei ao andar superior do imóvel.

O instinto me fez colocar a câmera posicionada à altura dos olhos, pronta para um eventual disparo surpresa. Como um soldado vasculhando uma casa _no lugar do fuzil, a câmera.

Entrei na suíte. Banheira de hidromassagem, TVs de plasma e uma cama *king size*. Naquele cômodo luxuoso e gigantesco, três crianças corriam alegres, como se sentissem pela primeira vez como era a vida de um milionário traficante do Alemão.

Fiz duas fotos. O ambiente estava parcialmente escuro, iluminado apenas por um clarão que vinha da janela lateral, deixando as crianças em contraluz. Olhei rapidamente pelo *display* da câmera e percebi que aquela foto era diferente de tudo o que eu havia feito durante toda a manhã.

Não eram só os agentes que estavam ocupando o espaço onde antes reinavam os traficantes. Eram também crianças, alegres, gargalhando, como se tivessem feito alguma arte pouco antes de serem pegas.

Elas subiram uma escada que levava ao terceiro piso da mansão. Não tive dúvidas: segui logo atrás, sempre com a câmera próxima aos olhos. Elas correram até uma área de lazer e começaram a dar saltos e cambalhotas em uma piscina, indiferentes de minha presença.

Uma cobertura luxuosa, com piscina cercada de piso de madeira, uma churrasqueira e, ao fundo, uma vista privilegiada de todo o morro do Alemão.

"É a foto. Essa é a foto!"

***

Subi em um telhado de concreto ao lado e fiquei bem de frente para aquela cena: no primeiro plano, a luxuosa piscina do megatraficante foragido, cercada com um piso de madeira; ao fundo, a pobreza do morro carioca. Esse era o contraste do Brasil.

E mais: as três crianças, que na verdade pertenciam ao plano de fundo daquela imagem, estavam agora no plano principal. Era uma verdadeira metáfora de toda aquela operação policial.

Na segunda-feira, a *Folha de S.Paulo* estampou a foto no alto da capa.

Dois meses depois, o exército abandonou quase por completo o complexo do Alemão, dando fim à ocupação militar e deixando, novamente, o caminho aberto para que o tráfico retomasse o morro.

Quando li que os traficantes estavam de volta ao Alemão, não pude deixar de me lembrar daquelas crianças. Elas tinham emergido do mais profundo e escuro porão social imposto pelo tráfico para, por alguns instantes, aproveitar o silêncio dos fuzis daquela manhã quente e curtir as águas limpas daquela piscina luxuosa.

Previram, corretamente, que, em breve, teriam de mergulhar novamente no subterrâneo social.

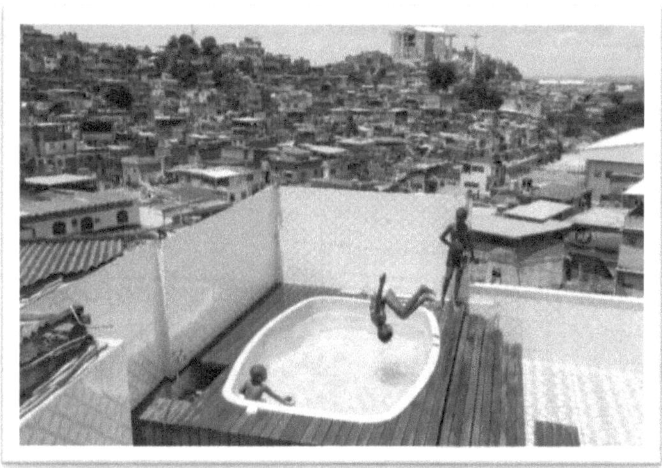

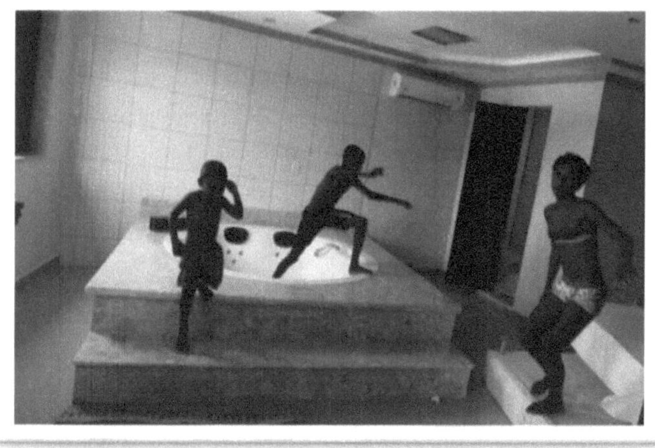

Crianças nadam em piscina após invadirem mansão abandonada por líder do tráfico; ao fundo, vista do complexo do Alemão.

A Primavera Árabe

Nas mãos de um turista, uma câmera fotográfica é apenas um aparelho que tem como objetivo registrar momentos importantes. Para nós, repórteres-fotográficos, é muito mais do que isso. Ela supera de longe o mero conceito de equipamento de trabalho.

De vez em quando, a câmera pode ser um meio de vencer barreiras e criar relacionamentos, como aconteceu na conversa com aquela senhora que havia acabado de perder o neto, na periferia de São Paulo; ou no bate-papo com aquele dono do bar que me revelou uma informação essencial no morro do Alemão; ou até no acampamento das Farc, na Colômbia, quando as pilhas despertaram o interesse dos rebeldes e me ajudaram a quebrar o gelo com o guerreiro adolescente Felipe.

Na cobertura da Primavera Árabe, a câmera me ajudou a fazer uma amizade que salvou a minha vida.

Neste trabalho também descobri mais uma função para minha companheira: às vezes, a câmera pode valer mais do que um passaporte; e em alguns raros momentos, ser mais poderosa do que uma metralhadora.

As crianças ainda brincavam nas piscinas das mansões abandonadas pelo tráfico no morro do Alemão quando os jornais no Brasil trocaram o foco para as notícias internacionais. O fim do verão parecia esfriar a capacidade de o Exército se manter no morro, enquanto, na Tunísia, pequeno país no norte da África, o início da primavera prometia atear fogo em um rastilho que percorria o Oriente.

Uma revolta bem-sucedida contra o governo repressivo do ex-presidente Zine El Abidine Ben Ali deu início, talvez, à maior revolta já ocorrida em todo o Oriente Médio. O estopim do movimento, até então limitado à Tunísia, ocorreu com uma tragédia, ligada a um ato de corrupção, em dezembro de 2010.

O comerciante Mohammed Bouazizi era o chefe de uma família de oito pessoas. Buscava o sustento vendendo mercadorias para turistas em um pequeno carrinho. Agentes do governo exigiram propina de Bouazizi em troca de autorização para o serviço, mas o comerciante se negou. Foi colocado em um carro e agredido. Todos os seus produtos foram roubados.

Ao ver que tinha perdido tudo, humilhado e agredido pela polícia, Bouazizi ateou fogo ao próprio corpo.

A imolação insuflou o povo tunisiano, já cansado da corrupção e das políticas repressivas de Ben Ali. O então presidente foi forçado a deixar a Tunísia em 14 de janeiro de 2011, o que inspirou revoltas similares em países próximos, como Egito, Líbia, Síria, Barein e Iêmen.

Surgia o termo "Primavera Árabe", que tem duas raízes. A primeira, uma alusão à estação do ano que se aproximava no hemisfério norte. A segunda, uma lembrança da Primavera de Praga, protesto de jovens da Tchecoslováquia contra a dominação soviética, em 1968.

Isso é o que ensinam nas escolas. Mas há um terceiro motivo, mais bonito, mais simbólico, que eu aprenderia em um dos países massacrados pelos conflitos.

***

Era fim de fevereiro. As manhãs daquele fim de verão ainda eram quentes. O sol insistia em lançar sua luz matinal sobre a escuridão dos meus pensamentos matutinos.

O forte calor me fez levantar da cama e ir para janela do meu quarto, para apreciar a vista do centro de São Paulo. O cruzamento das avenidas Duque de Caxias e São João era um dos mais barulhentos da cidade, mas aquela manhã estava particularmente tranquila.

Aproveitando a calmaria, fiquei debruçado sobre a janela, contando os carros que seguiam lentamente pelo elevado Costa e Silva, hoje elevado Presidente João Goulart, o famoso Minhocão. Enquanto isso, colocava minhas ideias em ordem.

Mas logo o silêncio do quarto me incomodou. Busquei o controle no criado-mudo e, sem me virar para a TV, apertei o botão *on*. A onda de protestos na Tunísia já havia derrubado Ben Ali e levado à revolta no país vizinho, o Egito, onde havia sinais claros de que seu ditador, Mohammed Hosni Mubarak, não se sustentaria após 30 anos no poder.

Na Líbia, não era diferente. Imagens de manifestantes se organizando para depor o ditador Muammar al-Gaddafi me chamaram a atenção. Ele prometia "sangue nas areias do deserto líbio". Em longos discursos na TV, jurou que ficaria no poder até a morte.

As cenas de líbios com pistolas em punho atirando para o alto atiçaram minha curiosidade. Novamente, sem nenhum plano elaborado em mente, atravessei a avenida São João, no sentido do edifício da *Folha de S.Paulo*, do outro lado do quarteirão.

Fui direto para mesa do editor de fotografia, Marco Canônico, que tentava colocar a pauta do dia em ordem.

- Bom dia, Marco, tudo bem?

Ele apenas balançou a cabeça, concentrado na tela do computador.

- Marco, preciso falar com você!

Sequer esboçou reação. Seus olhos percorriam o longo texto da pauta que apresentaria na reunião da tarde. Segundos depois, veio a frase:

- Fala rapidinho, tenho que ver a pauta.

Percebi que a única forma de atrair a atenção dele era jogando algo mais forte que aquele texto burocrático da pauta do dia.

- Marcão, temos que ir para a Líbia, urgente!

Funcionou.

- Oi? - perguntou ele, finalmente fazendo contato visual.

Sem discurso algum preparado, comecei a despejar palavras que eu sabia que, na cabeça de um bom e curioso editor, funcionariam bem para convencê-lo.

- Revolução (...), tragédias humanas (...), atentados contra a democracia (...), mortes em massa!

- Tudo bem, mas qual sua proposta?

- Nosso correspondente no Oriente Médio, Marcelo Ninio, está no Cairo e já indo para a fronteira com a Líbia. É importante um fotógrafo do jornal acompanhar essa cobertura, não acha?

Ele se levantou e literalmente me puxou pelo braço até a editoria de *Mundo*. Apontou para o editor Fábio Zanini e disse:

- Enquanto você checa com o Zanini onde está o correspondente e apura melhor a situação, eu vou falar com a direção.

Animado, sentei-me ao lado de Zanini e comecei um interrogatório.

- Zanini, estamos pensando em voar para a Líbia. Onde está o Ninio? Como está a situação por lá?

- Ele segue para a fronteira amanhã cedo. A situação é pior que a do Egito. A população tomou alguns quartéis, pegou os tanques, armamento, e está botando fogo em tudo. Se a coisa piorar, podemos dizer que a Líbia entrará em uma guerra civil já, já - disse ele, apreensivo.

Depois de um tempo, Marco passou pela editoria e não veio em minha direção. Seus passos lentos em direção à sua mesa indicavam que nossa proposta não havia sido aprovada pela direção do jornal.

É óbvio que eu não iria desistir assim tão fácil: corri de volta para a mesa do editor de fotografia. Antes que eu pudesse falar algo, Marco já disparou, sempre com os olhos no monitor:

- Joel, falei com a Secretaria de Redação, não sei se o jornal vai bancar. Mas continue acompanhando a situação.

- Olha, Marcão, eu acho que você deveria insistir, porque essa...

- Joel, por favor, pare de gastar palavras comigo. Deixe-me trabalhar.

***

Eu ainda não tinha desistido, mas, obviamente, fiquei muito chateado. No dia seguinte, uma quarta-feira, Marco estava de folga.

A temperatura na Líbia não parava de subir. Na televisão, relatos indicavam que todo o leste líbio, que faz fronteira com o Egito, já estava controlado por forças rebeldes e que a cidade de Benghazi, a segunda maior do país, havia virado a capital dos insurgentes. Pipocavam, aqui e ali, relatos de confrontos entre soldados e manifestantes armados.

Naquele dia, o correspondente Marcelo Ninio já se localizava na fronteira do Egito, aguardando uma possível brecha para entrar na Líbia e seguir para o *front* do conflito.

A emissora de televisão árabe *Al Jazeera*, do Catar, informava que mercenários vindos de países africanos haviam sido contratados pelo ditador Muammar al-Gaddafi para lutar ao lado de seus soldados. O conselho de segurança da ONU (Organização das Nações Unidas) condenou os ataques ao povo líbio, mas não havia dado nenhum sinal de que faria sanções contra Gaddafi, que ganhou o apelido de Cachorro Louco.

Na quinta-feira, as notícias eram de que a fronteira com o Egito já havia sido tomada pelos manifestantes e, com isso, as chances de entrar no país haviam melhorado.

Tudo aquilo me deixava irritado e ansioso. Eu estava perdendo tempo e precisava ir logo para lá. A qualquer custo. Foi quando comecei a preparar um plano B: pedir uma licença do trabalho e viajar para a Líbia com recursos próprios.

Seria o meu ás na manga.

Fui para o jornal bem cedo e as notícias já sinalizavam que o cerco a Gaddafi crescia. Não só o leste, mas o oeste do país também estava agora nas mãos dos rebeldes. A cidade de Misrata, a 200 km da capital e a terceira maior do país, havia caído.

Países da Europa começavam a divulgar o temor de um êxodo em massa de refugiados. As mortes já passavam de 4 mil em apenas um dia, e as agências internacionais não paravam de falar em guerra civil.

Enquanto isso, eu fazia as contas para bancar a viagem por conta própria. À tarde, perto das 18h, eu tinha uma planilha na mão repleta de cálculos e extratos bancários.

Não iria dar. Eu não tinha o dinheiro necessário.

Olhei para as TVs da redação, todas com cenas da Líbia: rebeldes erguendo armas, crianças brincando em escombros, tanques passando pelas cidades, prédios destruídos, bombas sendo lançadas...

E desisti.

Marco Canônico havia sido repórter antes de se tornar editor de fotografia. Seu tom de voz sereno e firme demonstrava segurança, o que, aliado ao seu talento peculiar, fazia com que a equipe tivesse total confiança nele.

"Não pode ser que o Canônico *sentou em cima* de uma pauta tão importante!", eu pensava.

O que eu não sabia é que ele, sim, é quem tinha o ás na manga.

***

- Joel, se o jornal resolver mandar você para a Líbia, como você faria para transmitir as fotos? - perguntou Marco, logo depois de eu me sentar, desolado, em uma das cadeiras de redação.

Fiquei de pé de repente, com os olhos arregalados, tal qual um soldado surpreendido pelo sargento, enquanto minha cabeça começava a trabalhar em ritmo alucinado.

Na Líbia, o sistema de telefonia e internet estava precário por conta da crescente revolta popular. Eu expliquei que, assim como os fotógrafos das agências internacionais, nós poderíamos alugar um aparelho de transmissão via satélite, chamado de satelital, que funcionava também como telefone, para fazer ligações para o jornal.

Se você conhece a sensação maravilhosa de ouvir "eu te amo" da pessoa amada... Se você já sentiu a magia de ouvir o primeiro *"pa-pa"* do seu filho... Vai entender o que eu senti quando escutei a frase:

- Levanta o custo da viagem, Joel!

Canônico tinha falado com Sérgio Dávila, editor executivo da *Folha* e experiente repórter, que já havia trabalhado na cobertura da guerra do Iraque. Esse foi o ás na manga de Canônico. Agora, existia uma chance real de o jornal avaliar um orçamento.

A partir dali, iniciou-se uma frenética corrida contra o tempo. Eu precisava levantar custos e onde seria possível alugar o tal satelital. Fiz algumas ligações para colegas de agências aqui no Brasil, que têm experiência com aquele aparelho, e consegui o nome de uma empresa em

São Paulo. Mas já passava das 19h. Não consegui falar com ninguém de lá.

- Marco, achei uma empresa, mas só consigo ver os valores exatos amanhã cedo. Uma apuração superficial diz que gastaríamos cerca de R$ 1.500 por um mês, fora os valores de envio de dados, cerca de R$ 17 por *megabite*. Passo os valores exatos assim que puder.

Fui para casa. Mal havia girado a chave da porta para entrar em meu apartamento quando meu celular tocou. Era o Marco.

- Fala, Marco, algum prob...?

- Joel, o jornal aprovou o orçamento. Você embarca amanhã, às 16h!

- Que maravilha, Canônico! Vou arrumar tudo e estarei pronto. Amanhã cedo vou atrás do satelital e combinamos os detalhes. Dá tempo tranquilo.

Entrei em casa, comi alguma coisa, tomei um banho e fui me deitar com um sorriso no rosto.

"Vou para a Líbia em menos de um dia... Deu tudo certo."

Foi quando lembrei que eu estava sem a minha carteira internacional de vacinação.

***

Um mês antes, uma mochila minha havia sido roubada e, dentro dela, estava minha carteira internacional de vacinação. O documento era requisito obrigatório para entrar em diversos países, incluindo...

Adivinhe.

Levantei de um pulo só e entrei no site da Anvisa (Agência Nacional de Vigilância Sanitária), responsável pela documentação referente ao assunto. Encontrei o telefone do posto do Aeroporto de Guarulhos. Liguei e uma mulher atendeu o telefone.

- Anvisa, boa noite.

Pela voz, percebi que já era uma senhora. Sem muito tempo para explicar, eu disse:

- Minha senhora, meu emprego está em suas mãos. Preciso de uma ajuda!

Ela ficou em silêncio. Talvez ela não tinha entendido a brincadeira, e a negociação seria bem mais difícil do que eu poderia imaginar. Expliquei tudo o que havia acontecido e, enquanto eu despejava toda a minha angústia no ouvido daquela mulher, tudo o que eu ouvia era apenas:

- Hum...

Ao final, ela perguntou o meu nome. Passados alguns segundos, ela falou:

- Meu filho, seu emprego está garantido. Seus dados estão aqui no sistema. Você pode vir buscar amanhã cedo.

Ela resolveu um problema, mas jogou outro na discussão.

- Senhora, amanhã bem cedo eu tenho que ir atrás de outro problema para salvar meu emprego... Existe a possibilidade de eu ir agora pegar a documentação?

- Meu filho, acho melhor você abandonar esse emprego, só te dá problemas!

Eu dei uma risada amarela.

- Olha, o escritório está fechado, mas eu vou ficar aqui mais uma hora. Se você chegar a tempo, terá seu documento.

E desligou.

Peguei um táxi imediatamente. No caminho, fui pensando em tudo que tinha que organizar: passaporte, roupas e equipamentos, além de negociar o satelital no dia seguinte.

Ao chegar ao Aeroporto de Guarulhos, literalmente corri até uma porta de vidro ao lado das escadas rolantes no piso inferior, abaixo de um letreiro com o nome "Anvisa". Na porta, um cartaz pendurado com a palavra "Fechado". Dentro, tudo apagado. Coloquei minhas mãos no vidro e encostei a cabeça nelas para tentar enxergar algum vulto lá dentro.

De repente, uma porta ao fundo se abriu. Uma luz branca iluminou a sala do departamento de saúde _e, também, as minhas esperanças. Sem saber o que dizer, aguardei um vulto abrir a porta de vidro.

- É o *seu* emprego que eu tenho que salvar?

Cinco minutos depois, eu retornava para casa com a carteira de vacinação internacional em mãos.

***

Minha corrida contra o tempo ainda não havia terminado. Ao chegar ao apartamento, notei que, das tantas malas que eu tinha, não havia nenhuma em que coubessem o colete e o capacete balísticos, além das roupas. Eu havia deixado a mala grande em minha casa, em Ribeirão Preto.

Mal dormi à noite pensando em tudo o que tinha para resolver. Na manhã seguinte, sexta-feira, 25 de fevereiro, às 8h, já estava no jornal tentando contato com a empresa do satelital, sem sucesso. Entre uma tentativa e outra, lia o jornal com as notícias da Líbia. O ditador Gaddafi ameaçava cortar o fornecimento de petróleo para reaver o controle do país. Cada vez mais líbios fugiam para a fronteira com o Egito. Nosso correspondente, Marcelo Ninio, já havia conseguido atravessar a fronteira sem dificuldades e estava indo para Tobruk, cidade no nordeste da Líbia.

Saí para comprar a mala e, na volta, finalmente consegui entrar em contato, por telefone, com Eduardo, o rapaz da empresa do satelital. Obviamente, usei o "velho truque" do "emprego em suas mãos" e comecei a diluir minha angústia.

- Preciso alugar o aparelho e tenho muita urgência. E o pior, meu voo é às 16h. Você precisa me ajudar!

Sua calma no tom de voz me deixava mais apreensivo, dando a impressão de que ele não havia percebido a gravidade da situação. Mas me explicou que era preciso buscar o aparelho na avenida Nove de Julho, o que me aliviou, já que não era tão longe de onde eu estava. Disse, ainda, que os trâmites da locação eram simples. A única questão é que eu precisaria fazer um curso para aprender a operar o satelital.

Em pouco mais de uma hora eu me transformei em um *expert* em transmissão via satélite. A questão é que, devido à pressa, eu não consegui prestar a devida atenção à aula. Isso me custaria, no futuro, um dia de cobertura.

Meu pensamento estava voltado a pegar o avião. Já passava do meio-dia. Eu tinha menos de quatro horas até a decolagem e ainda precisava retornar ao prédio da *Folha* e, depois, ir para casa colocar as coisas na mala nova.

Mas estava preso no maldito trânsito da hora do almoço de São Paulo.

***

Ainda não inventaram uma máquina que congele os ponteiros do relógio. Mas, se por um lado é impossível parar o tempo, por outro é possível estendê-lo. Consegui, com a ajuda do jornal, pegar um outro voo.

Embarquei às 18h10 de sexta-feira, no Aeroporto de Guarulhos, em um voo da Lufthansa com destino a Frankfurt, na Alemanha. De lá, segui para o Cairo, capital do Egito.

Aproveitei o tempo para ler mais sobre o que estava acontecendo na Líbia. Horas antes, eu havia impresso várias notícias e um calhamaço de páginas com a história daquele país.

Havia brasileiros na Líbia tentando chegar à fronteira e, assim, escapar da iminente guerra. Gaddafi estava usando caças para atacar rebeldes. Os insurgentes já ameaçavam a capital, Trípoli. Um grupo de militares desertores organizava um Dia D para derrubar Gaddafi.

Depois de um dia completo de viagem, com suas conexões e fusos horários, desembarquei no Cairo no início da noite de sábado. De lá eu ainda teria que cruzar a fronteira para a Líbia.

Na fila do aeroporto para o visto de entrada, reparei que o rapaz que estava na minha frente era jornalista. Perguntei, com meu inglês ruim, de onde ele era.

- I'm swiss, I'm going to Libia.

Suíço... Líbia... Achei ali uma chance de dividir um táxi até a fronteira, mas o jornalista afirmou que dormiria no Cairo naquela noite e que iria somente no dia seguinte, o que, na minha avaliação, seria um erro.

Eu achava melhor cruzar o Egito, que estava em aparente calma, à noite. Era mais seguro. Assim, chegaria à fronteira de madrugada e viajaria pela Líbia, que estava em evidente conflito, sob a luz do sol.

Do Cairo até a fronteira com a Líbia seriam mais ou menos oito horas de viagem.

Mas os oficiais da alfândega me barraram. Justamente por causa do satelital.

***

Os agentes alfandegários alegaram que qualquer tipo de conexão com a internet estava proibido pelo governo militar provisório egípcio, já que o presidente Hosni Mubarak havia sido derrubado pelo Exército após protestos populares.

Foram 20 minutos de negociação para convencê-los de que aquele aparelho, que media 30 centímetros e pesava 400 gramas, era, na verdade, apenas um telefone. O satelital não se conectava direto com a internet.

Os soldados ficaram na dúvida. Cochichavam. Apontavam para mim. Pegavam o aparelho. Quando começaram a falar em voz mais alta, em árabe, comecei a ficar realmente apreensivo.

- *One minute, please* – falei, com o dedo indicador levantado.

Todos pararam de falar e ficaram olhando para mim. Com movimentos leves, fiz gesto para pegar o aparelho. Apontei um celular de um dos agentes e mostrei o satelital.

- *Your number. Here, type here, please.*

Ele digitou o número do celular dele no meu satelital e apertei o *ok* para fazer a ligação.

O celular dele tocou.

Todos riram e me liberaram, para o meu alívio e certa confusão, mas, mesmo sem entender nada, guardei logo o aparelho e saí dali antes que algo mais acontecesse.

Ao ser escoltado por um soldado até a saída da alfândega, ele começou a puxar papo comigo. Não parava de falar que, no Egito, os celulares eram muito modernos, alguns bem pequenos, e que alguns já possuíam dois chips. Eu perguntei, para ele, no meu inglês ruim:

- Mas por que você está falando tanto dos celulares do seu país?

E o soldado concluiu, em um inglês talvez pior ainda que o meu:

- Os celulares de vocês, brasileiros, são muito antigos e pesados!

***

Depois de ouvir dicas de onde comprar celulares modernos e agradecer o soldado, fui cercado por motoristas desesperados por uma boa corrida até a cidade. Um deles, particularmente, me chamou a atenção. Era sorridente e bem vestido, com um paletó preto, calça social azul e gravata.

Começou uma difícil negociação entre um brasileiro que falava porcamente o inglês e um egípcio que não falava nada de inglês.

Ele percebeu minha câmera no pescoço e fez gestos para saber de onde eu era.

- Brasil – eu respondi.

- *Suhufiin brazili*!

Eu havia entendido, obviamente, que era alguma coisa relativa ao Brasil, mas eu não queria falar de meu país naquele momento. Eu precisava ir até o povoado de Sallum, a noroeste do Egito, perto da fronteira com a Líbia.

Ele queria US\$ 300 pela viagem, em "carro novo, com ar-condicionado". Sem muita opção e sem algum jornalista para dividir as despesas, fechei o negócio. O que eu não sabia era que aquele homem bem vestido era apenas o agente. O motorista seria outro, que estava fora do aeroporto. Comecei a ficar preocupado, já que não era seguro embarcar com motoristas não credenciados.

Hesitei. Tentei dizer que estava em dúvida se iria àquela hora para a Líbia. O agente, que era todo sorridente, fechou o semblante e começou a engrossar o tom. Não era falta de educação, mas apenas uma característica dos egípcios, que não gostam de desistência após fechado o negócio. Já estava escurecendo e, então, resolvi deixar a sorte embarcar naquela viagem, concordando em partir.

Esperei pelo carro por dez minutos. Fiquei aliviado ao ver um veículo novo parando ao meu lado. Na direção, um homem bem vestido, de aproximadamente 50 anos, de bigode fino. Coloquei a bagagem no banco de trás e embarquei.

Estava frio lá fora. O termômetro do aeroporto marcava 10° C. Mas dentro do carro estava ainda mais gelado, o ar-condicionado no mais extremo. "Por que alguém ligaria o ar-condicionado com uma temperatura externa de 10 graus?".

- *Why so cold*?

"Por que tão frio?" Mas o motorista indicava que não sabia falar nem "boa noite" em inglês. Seria uma viagem silenciosa, fria e tensa. Encolhido na minha jaqueta, eu estava preocupado com o trajeto e não conseguia fechar os olhos, que ardiam de cansaço da longa viagem. Tirei um mapa da bolsa e comecei a checar se estávamos seguindo no sentido da fronteira. A neurose da profissão me fazia desconfiar daquele simpático motorista. Eu temia ser assaltado no meio da estrada.

Conforme atravessávamos as cidades no trajeto, tentava achar no mapa se estavam ao oeste de Cairo. Mas eram nomes estranhos, difíceis de compreender. Em determinado momento, talvez mais por tensão do que por simpatia, decidi voltar a tentar dialogar com aquele homem. Perguntei o nome dele e, depois de muito tempo, ele respondeu:

- Zarif.

E só. Pedi, então, que parasse em um posto de conveniência para eu comprar água e alguns pacotes de bolacha para a viagem. Ao perceber que eu tinha apenas dólares na carteira, Zarif fez um gesto caridoso e pagou meu lanche com 5 libras egípcias. Voltamos à estrada de pista simples.

Os faróis do carro iluminavam aquela estrada deserta, cercada de areia, mas não acendiam uma resposta sobre uma outra grande preocupação que me acompanhava naquela viagem: como eu conseguiria outro carro da fronteira da Líbia até Benghazi, onde já estava o correspondente Marcelo Ninio?

Em meio às minhas preocupações, vi uma placa às margens da estrada: "Alexandria". Fiquei aliviado. Estávamos realmente indo para a direção certa. Finalmente, consegui relaxar um pouco. Mais um longo tempo se passou, até que o motorista falou alguma coisa em um inglês horrível.

- Ama gu draiv?

Demorou para eu entender que ele perguntava *"Am I a good driver?"*, ou seja, "Eu sou um bom motorista?"

Eu fiquei em dúvida se ele perguntava se ele era um motorista competente ou se eu estava gostando da viagem. Como não havia muito diálogo possível entre nós, eu simplesmente levantei o dedão polegar, afirmativamente.

Foi meu erro.

***

Às 3h de domingo, dia 27 de fevereiro, chegamos ao povoado de Sallum. Reparei em uma placa com os dois idiomas, o árabe e o inglês, que a fronteira estava a 10 km. Isso me deixou feliz. "Mais da metade do caminho está feito."

A cerca de 1 km dos portões da alfândega egípcia, Zarif desligou o motor e disse que só poderia chegar até ali, já que a fronteira estava fechada para carros.

Desconfiei que teria de arrastar aquela mala pela estrada escura, repleta de acampamentos de líbios refugiados, o que deixava claro que a guerra estaria logo depois dos grandes portões daquela fronteira.

Desci do carro e peguei a minha mala quando Zarif chegou perto de mim e perguntou de novo:

- *Ama gu draiv?*

E eu, pela segunda vez, levantei o dedão polegar direito.

Nesse momento, Zarif disse:

- *Sir, as long as you liked my services, you are suposed to pay me extra three hundred dollars for the trip.*

Pareceu um passe de mágica. O motorista sorridente que mal me entendia agora falava um inglês britânico. Eu demorei um certo tempo para assimilar o que estava acontecendo, mas acabei compreendendo a frase. "Senhor, como você gostou dos meus serviços, deve me pagar mais US$ 300 pela viagem."

O simpático espertalhão queria me cobrar US$ 600, no total, pela viagem.

Resolvi virar o feitiço contra o feiticeiro. Meu inglês, que já era péssimo, transformou-se em deplorável. Imagine um cara que não sabe falar inglês tendo que fingir que não sabe falar inglês.

- Ai dom tands tendi! Ai dom tands tendi!

E repeti várias vezes "*I don't understand*" ("Eu não entendo") com o sotaque mais mulambento que eu consegui parir.

Retirei US$ 300 e entreguei para ele. Mas ele insistia em receber mais US$ 300. Expliquei que o valor havia sido fechado com o chefe dele, no Cairo, e que não tinha mais dinheiro para pagar. Depois de longos minutos de negociação, mudei de estratégia: dei a ele mais US$ 100 e falei, bem sério:

- You are robbing me.

"Você está me roubando." E, num outro passe de mágica, ele não sabia mais falar inglês direito. Fingiu que não entendeu, mas apontou para a direção da alfândega, entrando no carro.

Eu perguntei se teria que arrastar minha mala até lá, mesmo após ele receber US$ 100 a mais que o combinado.

Ele arrancou com o carro. Mas não sem antes botar o braço para fora e, com o dedão, fazer sinal de positivo.

Eu estava, agora, sozinho.

***

Comecei a caminhar até o posto de alfândega. Alguns soldados bem armados se refugiavam do frio dentro de uma guarita de vidro, aquecendo-se com xícaras de chá. Do lado de fora, tirei meu passaporte e apontei para a Líbia, dizendo que precisava passar e que para isso precisava carimbar o visto de saída do Egito.

Fiquei surpreso ao ver a cancela imediatamente se abrir. Um dos soldados, protegido por uma grossa toca na cabeça, fez sinal com o braço, de dentro da guarita, indicando para eu avançar. Mas eu queria que carimbassem minha saída, e mostrei meu passaporte mais uma vez.

O soldado, visivelmente irritado por ter de se levantar e enfrentar o frio, saiu do aquecido ambiente da guarita esfregando as mãos, pegou meu passaporte, folheou algumas páginas e disse que estava tudo bem.

"Ele não carimbou. Como o outro lado está tomado por rebeldes, acho que não preciso de visto de saída do Egito", pensei.

Eu nunca poderia imaginar, naquele momento, que a incompetência daquele soldado me colocaria em uma grande enrascada dias depois.

Peguei minha mala e caminhei por mais 300 m, em uma estrada escura. Eu ainda estava em território egípcio: havia um último posto de guarda, ao lado de um grande portão, que dividia os dois países. Dois soldados egípcios me pararam. Novamente retirei o passaporte e o entreguei, mas a câmera pendurada no meu pescoço chamou mais a atenção do que meus dados naquele documento.

Eles pediram para eu tirar uma foto deles e, depois, me orientaram dizendo que, do outro lado do portão, eu já estaria em território líbio. Os rebeldes haviam tomado a fronteira, disseram. Eu olhei para o portão na tentativa de ver algum movimento do outro lado, mas estava deserto. Apenas um poste de luz lançava claridade sobre a escuridão daquele país.

Naquele frio de cortar as orelhas, às 4h, comecei a atravessar o grande portão que dividia Egito e Líbia. Mas não sem antes ouvir uma última pergunta de um dos soldados.

- Você tem certeza de que quer atravessar?

Minha boca ficou seca na hora. O medo também estava me congelando.

***

O silêncio daquela madrugada era quebrado apenas pelo barulho das rodinhas da mala, arrastada sobre aquele asfalto cheio de buracos. O som atraiu vultos, que se movimentavam pela escuridão de uma improvisada cabana, com madeira e lona, bem próxima ao portão da fronteira.

Eram rebeldes. Um deles levava, abraçado ao seu corpo, um fuzil AK-47, como se carregasse um bebê recém-nascido, demostrando a falta de habilidade com o poderoso armamento. Nesse momento, pensei em dar alguns passos para trás e retornar para o seguro Egito, mas os rebeldes foram mais rápidos e logo se aproximaram.

Falando com meu inglês surrado, apresentei-me ao grupo, dizendo ser jornalista brasileiro. Disse que precisava entrar na Líbia para acompanhar as manifestações. Dois deles se entreolharam, ao mesmo tempo em que um terceiro puxou a mala de minhas mãos e a arrastou para o lado da cabana. Um quarto falou uma frase que eu já conhecia:

- *Suhufiin brazili*!

Acenei com a cabeça, sorriso no rosto, percebendo que seria impossível encontrar alguém ali que falasse inglês. Fui cordialmente puxado pelo braço para a cabana improvisada.

Lá dentro, outros rebeldes, agachados, armados com pistolas na cintura, fitavam-me e conversavam em árabe. Sem entender absolutamente nada, fui convidado a sentar em uma cadeira de plástico. Ofereceram-me chá quente e um pedaço de pão com uma espécie de queijo que parecia ser de cabra.

Eu era o único sentado em uma cadeira. Parecia estar sendo tratado como um convidado especial naquele banquete improvisado. Olhava para aqueles rebeldes tomando chá, conversando, armados, sem fazer a menor ideia do que aconteceria ali. Tudo o que eu podia pensar, mastigando aquele pão com queijo era:

"Meu Deus do céu, e se eu tiver uma intoxicação alimentar?"

Durante cerca de 20 minutos meu pensamento foi minha única companhia. Até que um dos rebeldes apontou para a minha câmera e, fazendo sinais, pediu para que o retratasse ao lado de dois amigos segurando o fuzil.

Levante-me e cliquei. Logo depois, um deles levantou o braço e apontou para a bandeira da Líbia, que flamulava logo acima do portão de entrada.

- *Libya free!* - gritou.

Naquele momento, eu já imaginava a legenda que viria, no jornal, abaixo da minha primeira imagem do conflito:

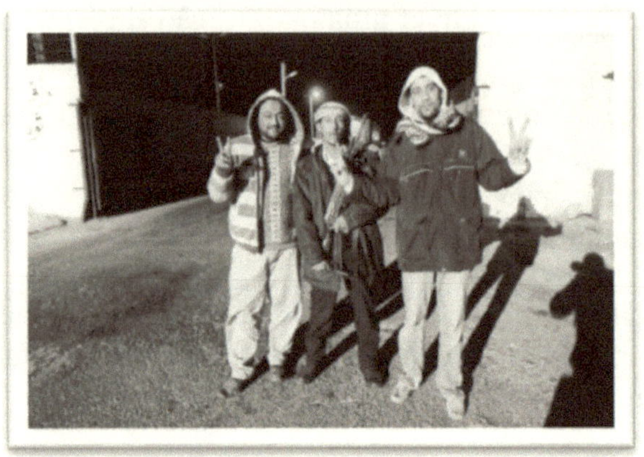

Rebeldes armados com fuzil AK-47 fazem guarda na fronteira entre Líbia e Egito

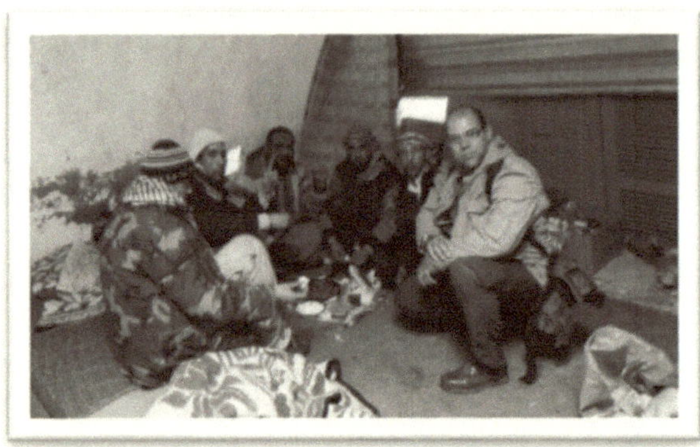

Tomando chá com insurgentes na fronteira

Logo depois, uma van encostou. Um dos bravos rebeldes que havia posado para a foto saiu correndo e buscou minha mala, arrastando-a desajeitadamente para trás do veículo. Um outro me conduziu até a van, abriu a porta dianteira e começou a clicar com sua câmera imaginária, dizendo sem parar:

- Photograph! Libya free! Photograph! Libya free!

Sentei-me no banco da frente pronto para fotografar uma Líbia livre da tirania de Gaddafi quando olhei para o lado. "Ai! Um monstro!" O motorista era um gigante e assustador homem de barba longa e negra, vestindo uma jaqueta jeans, mãos na direção, cara de mau. Na verdade, cara de... "Tem barba longa, só pode ser terrorista", pensei, de forma preconceituosa.

Estiquei a mão para cumprimentá-lo. Ele olhou para mim e seu semblante mudou completamente. Era como se ele contemplasse uma celebridade. Cumprimentou-me com aquela mão gigante. Olhei para trás e cumprimentei mais dois rebeldes.

- English? - perguntei.

O silêncio confirmou minhas suspeitas.

Seguimos pela estrada, ainda sob a escuridão da madrugada. Eu começava a mergulhar meu pensamento naquele país sob chamas, em um conflito banhado a sangue, causando o desespero de milhares de pessoas, quando...

- Ialaaaaaaaaa, la la la la la la lauuuuuuuuuuu laaaaaaaaaaaaaa!

Um grito árabe estoura do aparelho de CD da van, acompanhado de música e das vozes desafinadas de meus companheiros de turnê, que batiam palmas e cantavam junto. O gigante motorista também seguia a coreografia, deixando o volante livre e, consequentemente, o veículo corria solto pela estrada.

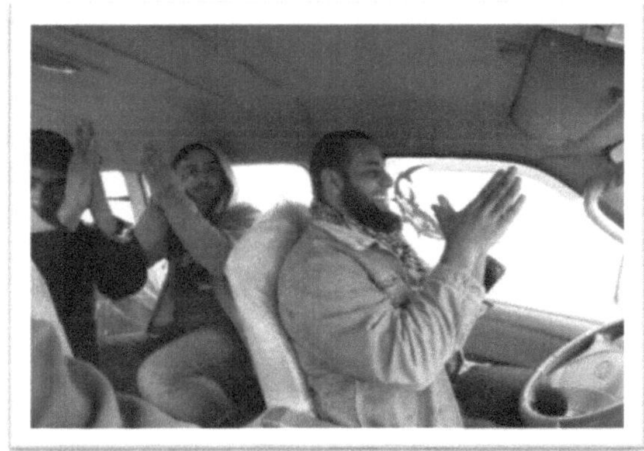

Rebeldes líbios cantam e batem palmas durante viagem entre a fronteira do Egito e Benghazi

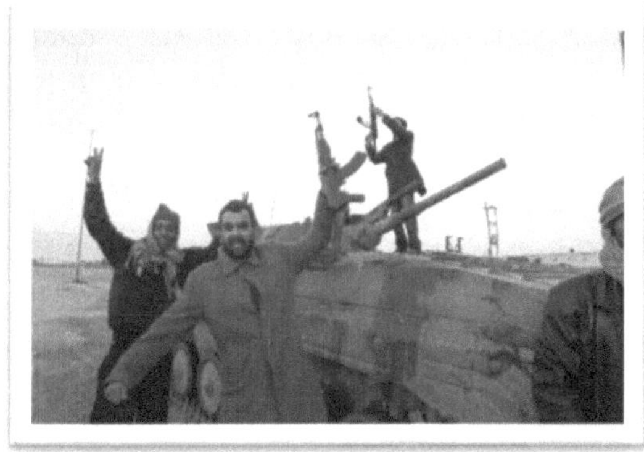

Insurgentes fazem check-point em vilarejo.

Eles estavam felizes. Estavam livres da opressão. Experimentavam aquele sentimento pela primeira vez.

Assim como as crianças no morro do Alemão, que mergulhavam sorrindo naquela piscina, os rebeldes bradavam o orgulho da liberdade depois de emergirem dos porões daquela ditadura.

***

A luz do sol tateava lentamente as areias do deserto líbio, quebrando o gelo daquele amanhecer, quando a van parou bem na entrada de uma vila, fortemente vigiada por um tanque blindado. Era um *checkpoint* rebelde.

O alto motorista desceu do veículo e foi falar com um dos rebeldes, que apoiava, no ombro, um RPG (*rocket-propelled grenade*, ou foguete lançador de granadas), mais comumente chamado de lança-mísseis. Depois de uma conversa de alguns minutos, o motorista fez um sinal, me chamando.

Meus companheiros de viagem queriam apenas que eu fizesse uma foto do tanque na entrada da vila, mostrando que aquela parte do país já não estava mais sobe o comando de Gaddafi. Os rebeldes subiram no blindado, um deles com o RPG, e me concentrei para fazer a primeira foto quando...

Ta-ta-ta-ta-ta-ta-ta-ta-ta-ta...

Curvei o corpo e corri em direção ao tanque, assustado com a possibilidade de um ataque das forças especiais de Gaddafi, enquanto os rebeldes gargalhavam. Um deles, atrás de mim, tinha dado uma rajada de tiros para o alto com o seu fuzil AK-47.

"Pobre fotógrafo", devem ter pensando.

E a cada entrada de vilarejo, uma parada, com tanques, veículos queimados e barreiras de concreto. Eram os obstáculos organizados nos *checkpoints* rebeldes a fim de averiguar os viajantes no leste daquele país.

Vendo toda aquela mobilização de insurgentes, tive a impressão de que o ditador Muammar Gaddafi já estava deposto e que a vitória da oposição era uma questão de tempo. Talvez o tempo de eu chegar até Benghazi.

No restante da viagem, os gestos com as mãos e braços, seguidos de tons acalorados na voz dos meus amigos rebeldes, indicavam que eles discutiam a revolução no país. Tudo misturado àquela música alta. Eu tentava dormir em meio àquela muvuca, mas tudo o que conseguia era dar breves cochilos.

E foi numa dessas sonecas que senti um forte puxão no braço. Era o motorista, olhando para mim. Ele começou a gesticular, com a ponta do dedo "cortando" o próprio pescoço.

- Gaddafi! Gaddafi! *Killer! Killer!*

"Gaddafi assassino", pensei. Pelo gesto, imaginei que o ditador estava matando líbios. Ou que ele deveria ser morto. Ou será que haviam cortado o pescoço do ditador? Levantei as sobrancelhas e fiz cara de confusão.

O grande motorista respirou fundo e, pela expressão que fez, deve ter puxado dos confins mais sombrios de seu cérebro duas palavras em inglês essenciais para aquele momento. Ao mesmo tempo, incorporou o ator que talvez gostaria de ser e torceu o próprio braço, como se estivesse ferido.

- *Injured! Hospital!* - E completou. – Benghazi!

"Feridos no hospital em Benghazi", eu pensei, assustado.

Detalhe que talvez você tenha esquecido: ele fez todo aquele teatro enquanto dirigia.

Passei algumas horas viajando com os três rebeldes líbios e já tinha quase um PhD em Linguagem de Sinais Árabe. E enquanto seguíamos rumo a Benghazi, fui imaginando um hospital tomado por rebeldes feridos e médicos correndo de um lado para o outro. Já contava com uma boa foto para a capa do jornal.

Eram 11h de domingo (sete horas de viagem desde a fronteira e 52 horas desde a saída de São Paulo) quando eu finalmente cruzei o grande portal de entrada da capital insurgente, Benghazi.

***

Eu estava ansiosíssimo. Queria chegar logo ao hospital para expor as consequências do conflito líbio.

Enquanto percorríamos uma grande avenida às margens do mar Mediterrâneo, tentei explicar ao motorista que meus amigos jornalistas estavam sendo acolhidos pelo comando rebelde em um hotel. Eu sabia disso porque havia recebido uma mensagem pelo celular, ainda no aeroporto do Cairo, enviada pelo editor Fábio Zanini.

- Hotel Uzu! - eu repetia. O motorista levantou o dedo polegar e sorriu.

Enquanto percorríamos a cidade, prédios manchados de fumaça negra exibiam os resquícios de uma recente batalha. Alguns moradores tentavam salvar móveis parcialmente queimados expostos na rua. Em uma praça, crianças sujas brincavam em cima de tanques abandonados pelos militares.

Depois de fotografar os pequenos em suas brincadeiras de guerra, fui alertado pelo motorista de que havia uma multidão do outro lado da praça. As pessoas cercavam um prédio parcialmente destruído.

- *Injured! Hospital!* - disse, novamente, meu colega gigante.

Apressei os passos, seguido de perto pelo meu agora fiel companheiro de 2,07 m de altura, e me senti aliviado de que ele não me abandonaria no meio de tudo aquilo. Os outros dois rebeldes ficaram na van.

A cena que imaginei durante a viagem, de dezenas de rebeldes feridos, espalhados por um hospital, com médicos correndo de um lado para o outro, não se concretizou. Na verdade, o que vi foram fotos de perseguidos pelo regime do ditador, espalhadas em um longo cartaz em frente ao hospital da cidade. Desaparecidos políticos, que estavam expostos ali, para que fossem reconhecidos.

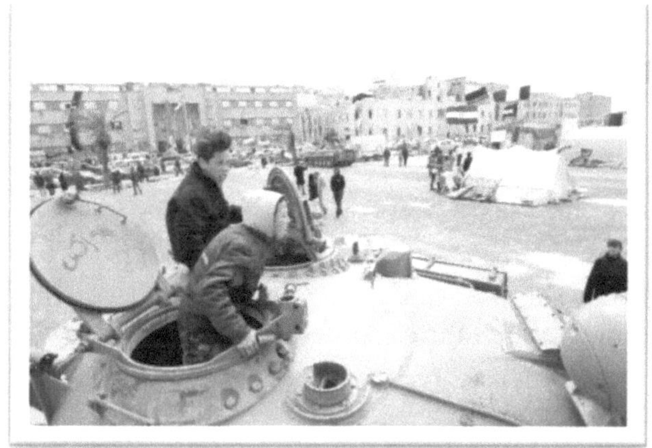

Crianças brincam em tanque abandonado no centro de Benghazi

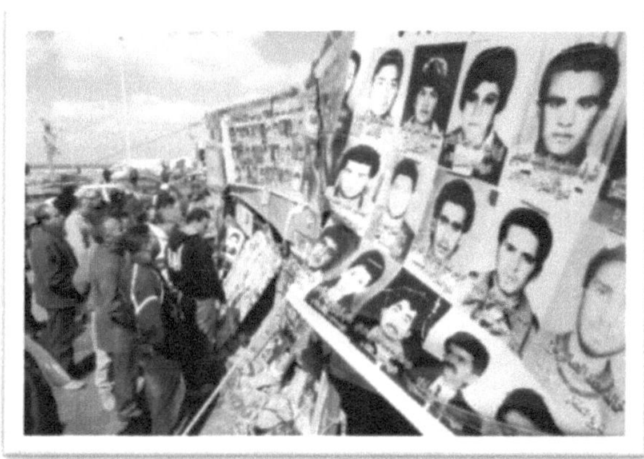

Moradores de Benghazi procuram por parentes desaparecidos em frente a hospital

Meu PhD em Linguagem de Sinais Árabe, pelo jeito, não era tão científico assim. Acompanhado de perto pelo motorista, comecei a caminhar no meio daquela agitação de líbios, que andavam de um lado para o outro na tentativa de encontrar algum conhecido nas fotos expostas.

Ao meio-dia, finalmente, eu desembarquei em frente ao Hotel Uzu, descarreguei minha mala e entreguei uma nota de US$ 100 ao meu amigo motorista, que ainda estava sentado ao volante. Ele desceu, me abraçou, levantou os dedos em forma de V e gritou:

- *Libya free*!

Foi então que percebi que não sabia o nome de nenhum daqueles bravos guerreiros.

- *Name! Name, please*!

Enquanto ele se acomodava no banco para dar a partida, com um olhar sereno, levantou o dedo polegar direito e disse:

- Omar. Omar Said.

Omar e seus dois amigos partiram com destino ao Front de Libertação da Líbia, enquanto eu segui para um espaço aberto ao lado do edifício do Hotel Uzu, apressado em transmitir as primeiras fotos feitas naquele país em efervescência social.

Abri a mala, retirei o satelital e fui testar minhas habilidades na transmissão via satélite pela primeira vez. Funcionou. Enquanto eu enviava cerca de dez fotos para o jornal, fiz uma ligação para o repórter Marcelo Ninio, que, inacreditavelmente, atendeu logo na primeira chamada.

A primeira coisa que ouvi foi o grito de pessoas próximas ao correspondente. Era difícil de compreender o que ele estava dizendo. Mas consegui pegar o número do quarto.

- Já falei para o rebelde da recepção que você está chegando. Pegue a chave com ele.

Achei que era um ruído da ligação.

- Como? Pegar a chave com um rebelde na portaria?

- Isso mesmo. Os rebeldes ocuparam alguns hotéis para acomodar os jornalistas estrangeiros que vieram cobrir a revolta Líbia.

Achei aquilo meio engraçado. Mesmo assim, peguei a chave com o recepcionista, um simpático homem armado com um fuzil AK-47.

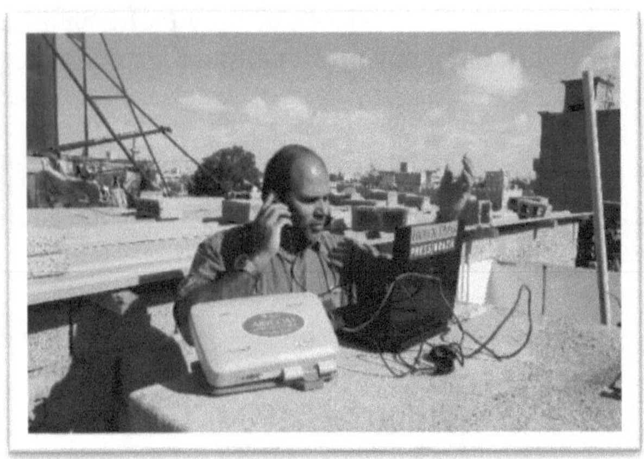

Transmitindo minhas primeiras fotos da Líbia

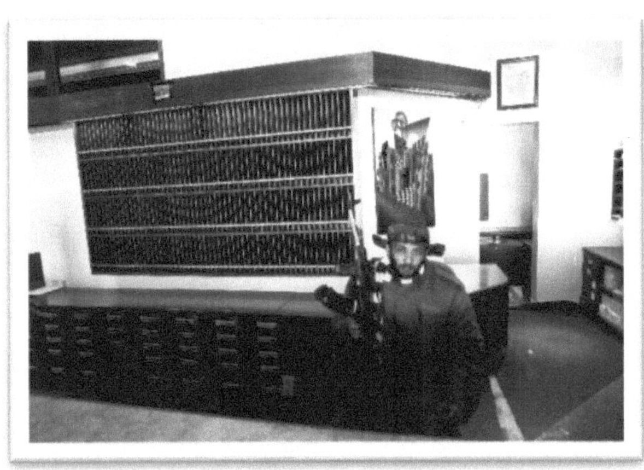

Rebelde-recepcionista mostra seu fuzil AK-47 no Hotel Uzu, em Benghazi

Entrei no quarto, onde fui abduzido por uma cama limpa, com cobertores grossos. Depois de praticamente 54 horas sem dormir direito, apaguei naquele leito confortável e acordei somente na manhã de segunda-feira.

***

A Líbia parecia ensaiar uma revolta curta, assim como já havia ocorrido na Tunísia e no Egito. A ONU já adotava algumas sanções contra o país.

Eu estava na recepção do hotel, de frente para o recepcionista, o mesmo da AK-47. "Em qualquer lugar do mundo isto seria impossível. Mas não na Líbia", pensei.

Marcelo Ninio saiu do elevador. Era um cara relativamente baixo, magro, de caminhar sereno e olhar decidido. Eu só o conhecia "de lê-lo", como costumamos falar quando só conhecemos o colega por ler seus textos, e não pessoalmente. Depois das apresentações, minha primeira preocupação veio em forma de uma pergunta.

- Onde vamos comer?

Ninio sorriu e me ofereceu um cardápio variado. Disse que no hotel serviam somente iogurte e café com bolachas, mas que sabia de uma lanchonete que tinha pão com carne. Naquela hora, decidi pela primeira opção.

Seguimos logo depois para o centro da cidade, em frente ao hospital, no mesmo local em que eu havia estado no dia anterior. Ninio disse que precisávamos ir ao *media center* rebelde para me cadastrarem.

- *Media center* rebelde? - perguntei, incrédulo.

- Isso mesmo, colega, a revolução é organizada!

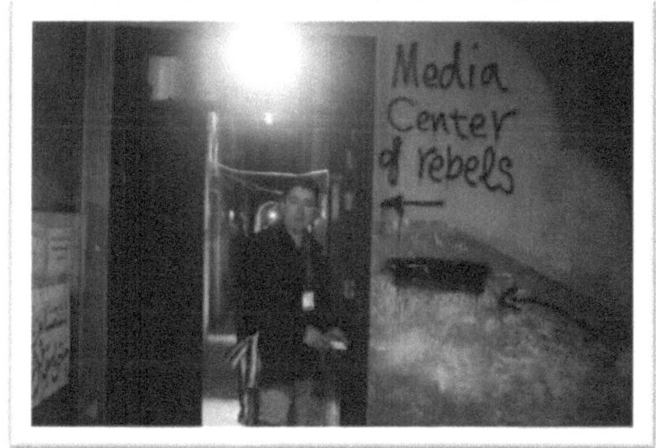

O corresponde internacional Marcelo Ninio no media center rebelde de Benghazi

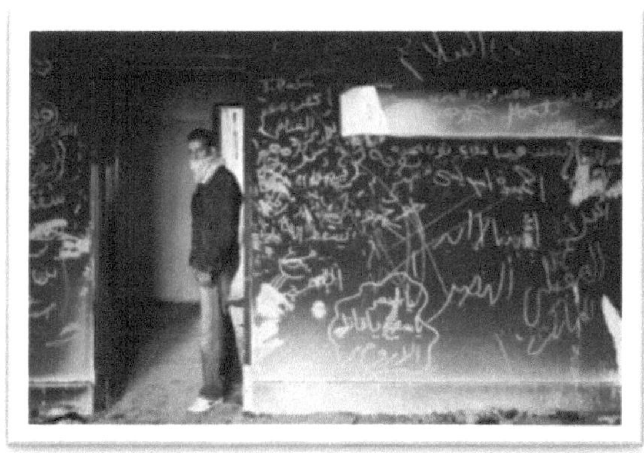

Rebelde dentro de quartel destruído pela revolta.

O corresponde internacional Marcelo Ninio no media center rebelde de Benghazi

Depois das credenciais devidamente prontas e penduradas no pescoço, começamos a circular seguros pelas ruas de Benghazi. Os moradores que não quiseram pegar armas caminhavam a esmo, como se experimentassem pela primeira vez a sensação do livre-arbítrio. Conviveram por anos no cativeiro da ditadura e, de repente, soltos, percorriam semidesorientados as ruas da cidade, sem saber ao certo o que fazer com a liberdade.

A histeria provocada por essa sensação fazia com que alguns rebeldes descarregassem rajadas de balas de um fuzil, recém-tomado de algum quartel ali próximo, inflando a multidão, que gritava "Líbia livre!". Enquanto isso, grupos queimavam fotos de Gaddafi no asfalto.

Ninio me puxou pela camisa enquanto eu fotografava toda aquela agitação.

- Temos que ir para um quartel do outro lado da cidade! Descobriram um *bunker* onde estavam prisioneiros enterrados vivos.

- Presos enterrados?

Ninio se limitou a balançar a cabeça, concentrado na rua repleta de carros que buzinavam em comemoração à liberdade. Ele levantou a mão e sinalizou para o primeiro carro parar, abriu a porta e perguntou ao motorista se ele falava inglês.

- *Yes!* - respondeu.

- Você sabe chegar ao quartel de Khatiba? - perguntou o jornalista, em inglês.

O motorista apenas balançou a cabeça e ordenou que entrássemos.

- Entre, ele vai nos levar lá! - disse Ninio.

- Ninio, isto aqui é um táxi? - perguntei.

- Não, mas aqui é assim: se você está com a credencial de jornalista, os líbios te levam aonde você quiser! Tudo pela revolução!

O correspondente internacional já estava familiarizado com a realidade de Benghazi. Parecia morar ali há meses. Havia chegado apenas um dia antes de mim e já sabia os truques da cobertura.

O quartel de Khatiba, totalmente destruído, liberava uma leve fumaça, indicando que a batalha do dia anterior ainda queimava alguns carros no pátio e móveis dentro dos alojamentos utilizados pelos militares expulsos. No fundo da base militar, uma movimentação de líbios em volta de um grande buraco chamou a nossa atenção.

Uma grande cela subterrânea de concreto, úmida e sem ventilação, que servia de masmorra para os adversários políticos do ditador, era desvendada pelos olhos incrédulos dos líbios. Logo à frente, outro buraco. Ao todo, descobriríamos quatro masmorras no quartel.

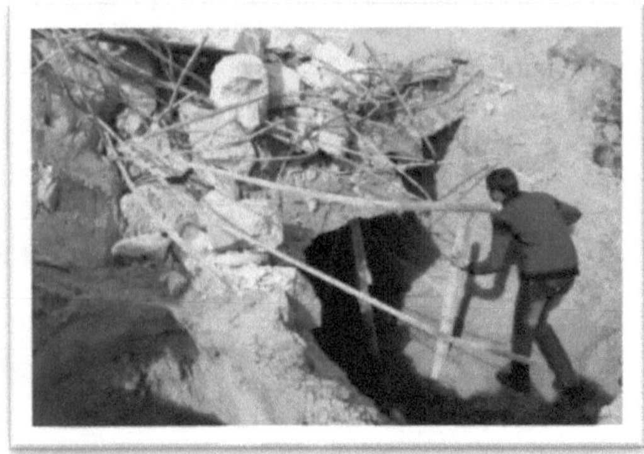

Rebelde na entrada de cela subterrânea no quartel de Khatiba; opositores eram presos, torturados e mortos no local

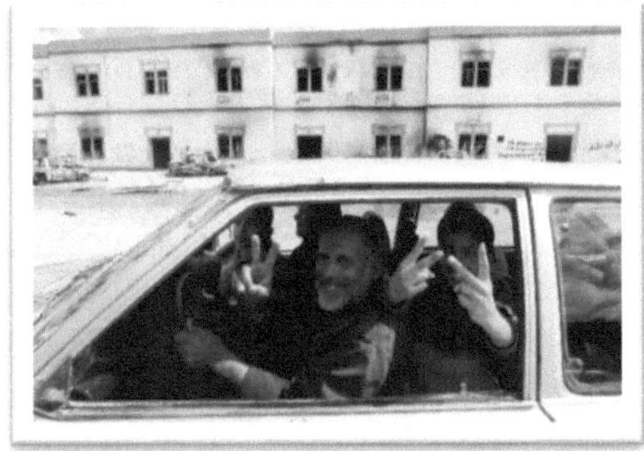

Moradores comemoram vitória em frente ao quartel de Khatiba

Aqueles cárceres subterrâneos indicavam claramente a situação do povo líbio: quem não apoiava o governo era condenado a viver naquele porão. Enquanto eu fotografava os líbios visitando aquela escuridão do passado, Ninio correu em minha direção.

- Temos que ir para Ajdabiya. Ataques contra rebeldes estão ocorrendo lá.

Naquele momento, senti um frio de alarme no estômago. Até aquela hora, a palavra "ataque" ainda não havia sido capturada pelos meus ouvidos. Com isso, o medo ainda não era perceptível. Senti que, dali para frente, a cobertura jornalística não se limitaria mais a cenas de rescaldos do conflito. Fomos para o Hotel Uzu, transmiti todo material produzido na manhã e seguimos para o *front* da batalha.

Conseguimos dividir um carro com um jornalista inglês e embarcamos para Ajdabiya, em uma viagem por uma estrada deserta que durou cerca de uma hora e meia. O silêncio no carro denunciava a apreensão de todos.

Pouco antes de chegarmos, já quase no final de tarde, o motorista líbio sugeriu que fôssemos para um hotel logo na entrada de Ajdabiya, antes de seguirmos para a frente de combate _que ocorria do outro lado da cidade, na saída para Brega. Já era possível ouvir o barulho assustador dos morteiros e dos tiros, que ressoavam dentro dos ouvidos, congelando a alma.

O hotel estava deserto quando entramos. Uma equipe da *BBC* de Londres chegou minutos depois de nós.

- Chegamos na frente da *BBC*, sinal de que estamos no caminho certo! - brincou Ninio.

Dei um sorriso fraco. Eu estava apreensivo e meu senso de humor já estava comprometido. Resolvemos não avançar naquele dia.

Dormi naquela noite ao som dos bombardeios que eclodiam na periferia da cidade.

*****

Na manhã seguinte, uma televisão ligada na área de café da manhã do hotel mostrava o ditador Muammar al-Gaddafi afirmando que não estava bombardeando os civis no leste do país.

- Que mentira deslavada! Passamos a noite toda ouvindo bombardeios! - disse Ninio.

Eu apenas observava, com olhos apreensivos. Minutos depois estávamos tentando contratar um *fixer*, um profissional que prestava serviços de guia, segurança e tradutor ao mesmo tempo. Menos de meia hora depois, um homem encorpado, vestindo jaqueta e calças jeans, barba feita e cabelo bem aparado, entrava no saguão do hotel a passos cadenciados, com uma postura confiante e ereta. Sussurrei para Ninio:

- Se esse cara aí for o *fixer*, pode fechar o preço, parece até um militar andando.

O *fixer* Abdulla se juntou a nós por US$ 100 a diária e mais US$ 100 pelo motorista.

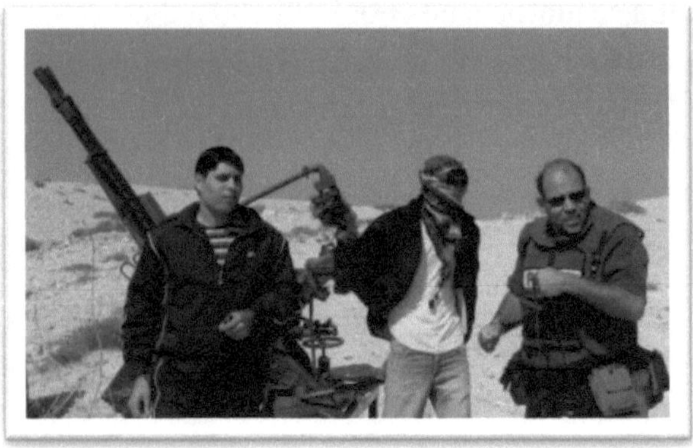

O fixer Abdulla (à esq.), um rebelde e eu durante viagem pelo deserto líbio

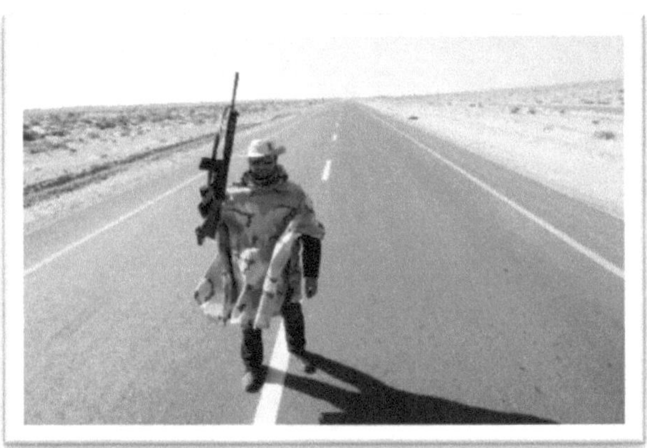

Rebelde cerca estrada entre Benghazi e Ajdabiya.

Na saída da cidade, uma multidão de líbios posicionada embaixo de um grande portal com arco verde indicava que os rebeldes haviam ganho a batalha, expulsando os soldados de Gaddafi de Ajdabiya. Não havia fogos de artifício, mas havia tiros de pistola, disparados incessantemente para o alto.

Alguns desertores do exército utilizavam sua experiência militar para instruir os civis ao mesmo tempo em que preparavam a artilharia antiaérea, prevendo um ataque a qualquer momento por caças da força aérea líbia.

Um outro grupo escavava trincheiras nas areias do deserto ao lado da estrada e posicionava metralhadoras calibre .50, apontadas para o sentido de Brega, ainda dominada pelo exército do ditador. Tanques de combate velhos eram tomados por rebeldes, que seguiam em direção a Brega, para o novo *front* de batalha.

Nesse momento me separei de Ninio para fotografar aquela confusão. Um rebelde vestindo uma farda verde oliva, carregando um RPG no ombro, despertou minha atenção. Eu e um outro fotógrafo começamos a segui-lo pelas areias do deserto ao lado da rodovia. Se ele lançasse aquele míssil, teríamos uma excelente imagem.

Alguns minutos depois, uma trincheira afastada atraiu o meu colega, que começou a caminhar até lá para fotografar rebeldes posicionando metralhadoras antiaéreas.

Minha insistência valeu a pena quando ouvi o barulho de um caça rasgando o céu sobre nossas cabeças. A multidão começou a correr sem rumo em busca de proteção nas trincheiras. Rebeldes começaram a atirar a esmo com suas pistolas para o céu, mostrando a falta de conhecimento em combate _como se as balas das impotentes pistolas fossem acertar o alvo a quilômetros de distância.

Nesse momento, duas missões diferentes tiveram início. A minha e a do rebelde que eu seguia. A minha arma era a câmera fotográfica. A dele, o lança-mísseis. Meu alvo era o próprio rebelde. O dele, o caça. Ambos preparamos nosso equipamento. Miramos no alvo. E, com calma, atiramos: eu apertei o obturador enquanto ele apertava o gatilho.

Se o rebelde tivesse a possibilidade de atirar tantas vezes quanto eu tinha atirado, talvez acertasse o caça _o míssil cruzou o céu azul na direção do avião e desapareceu sem nenhum barulho subsequente. Ao ver o visor da câmera, percebi que eu, pelo menos, tinha acertado em cheio: duas fotos sequenciais espetaculares do míssil saindo do lançador.

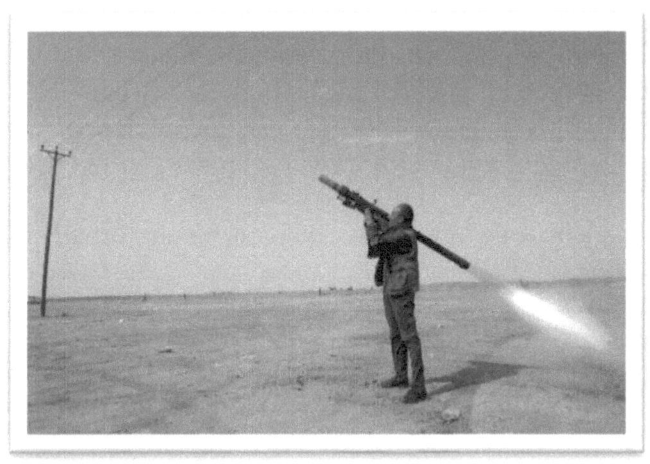

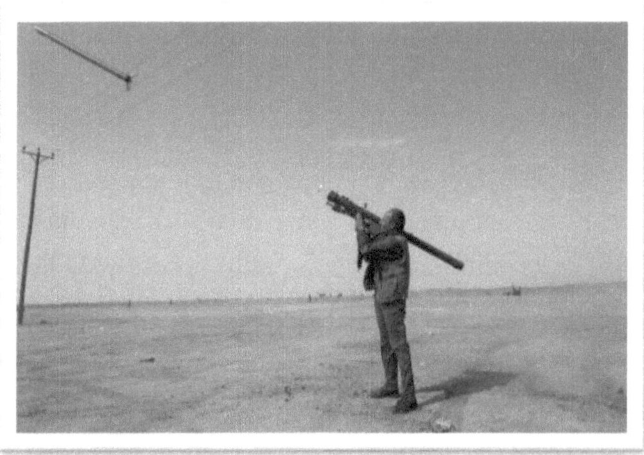

Sequência de fotos mostra rebelde lançando míssil contra caça da Força Aérea Líbia, no deserto de Brega

Corri os olhos em volta procurando Ninio no meio daquela confusão de rebeldes. Alguns corriam para os veículos em direção a Brega, prevendo que os caças bombardeariam a cidade, evitando a retomada. Outros corriam para as trincheiras. Encontrei Ninio assustado, liguei o *display* da câmera e gritei:

- Olha o que tenho! Vou transmitir esta sequência para o jornal!

- Agora são 11h aqui! Lá no Brasil são 6h! Ninguém vai ver isso agora, Joel! Todos os jornalistas estão indo para Brega, não temos tempo de voltar para o hotel!

Ninguém iria ver as fotos às 6h, é verdade. Mas, se elas chegassem cedo ao Brasil, o pauteiro de fotografia teria acesso às imagens às 8h. Elas seriam discutidas na reunião de pauta das 10h, chegando antecipadamente aos editores de *Fotografia*, *Mundo* e *Primeira Página* da *Folha*.

Eu sabia que, se aquela foto sequencial chegasse rapidamente à redação, não só estaria estampada na capa do jornal do dia seguinte, mas também iria pautar o noticiário internacional por dias. Eu não perderia aquela oportunidade.

- Ninio, eu preciso descarregar estas imagens. São fortes demais. Em dez minutos eu estarei de volta!

Virei as costas para um Ninio visivelmente contrariado e corri até o carro. O motorista que havia sido contratado junto com o *fixer* era um ex-fiscal de obras da cidade. Com o agravamento da crise, passou a oferecer seus serviços a jornalistas na frente do Hotel Uzu. Pedi para a ele para dirigir o mais rápido possível de volta para o hotel em Ajdabiya.

Apressado, usei os equipamentos para tentar transmitir as fotos no hotel. Nem cinco minutos depois o *fixer* Abdulla apareceu na porta do quarto e falou:

- Ninio quer que você saia *agora* para irmos para Brega.

E ficou na porta me olhando, aguardando o cumprimento da ordem. Deixei as três fotos na linha de transmissão, ainda sendo enviadas, torcendo para que nenhum míssil que passasse acima do hotel causasse problema de sinal e derrubasse minha conexão.

De volta, Ninio embarcou no banco de trás subitamente, visivelmente irritado. Ele tinha certeza de que estávamos perdendo os combates, já que todos os jornalistas já tinham se dirigido à frente de batalha.

- Fique tranquilo, Ninio, tem muito míssil sendo lançado, vai sobrar bastante para nós!

Desta vez era o senso de humor daquele repórter que estava comprometido. Ele se limitou a olhar pela janela do carro na tentativa de ver algum caça rasgando o céu.

Nada.

"Será que minha ânsia por transmitir as fotos realmente vai prejudicar a apuração do dia?", me questionei.

Não demorou muito para veículos com jornalistas passarem por nós em alta velocidade no sentido contrário. Um, dois, três, todos os carros de reportagem retornando para Ajdabiya. Ninio cutucou Abdulla com a mão e perguntou o que aconteceu.

A resposta do nosso *fixer* veio de forma despreocupada e com uma tranquilidade assustadora:

- Estão voltando porque não quiseram ir até o fim da estrada.

Na hora pensei em falar "então, gente, é melhor nós também voltarmos, afinal..."

- São uns covardes! - emendou Abdulla.

Fiquei quietinho. Percebi que Ninio estava pensando no que fazer.

- Joel, em uma guerra, temos que tomar decisões a cada cinco minutos. Vamos seguir e ver no que dá!

Abdulla respondeu:

- Gosto de vocês!

Eu pensei: "Espero estar vivo para contar esta história..."

Menos de uma hora depois, eu viveria um dos momentos mais aterrorizantes de toda a minha vida. Eu não morri por um triz.

***

A estrada serpenteava pelas dunas do deserto líbio: os montes de areia impediam nossa visão à frente. Logo depois de uma curva protegida por montanhas de areia, um grupo de homens armados cercava a estrada. Era o último *checkpoint* rebelde antes de Brega.

Abdulla orientou o motorista a dar meia-volta na estrada e a parar o carro no sentido contrário, em direção a Ajdabiya. Não havia um só veículo de jornalistas além do nosso.

Enquanto Abdulla e Ninio saíram para conversar com os rebeldes, eu deixei a estrada e subi em um pequeno banco de areia, a poucos metros da pista, para tentar ver a cidade mais adiante.

Nesse momento eu carregava duas câmeras: no ombro, uma lente grande angular (que garante uma foto mais ampla); nas mãos, uma teleobjetiva 70-200 mm (que permite direcionar o foco para um ponto mesmo em situações repentinas e de movimento).

Cinco minutos depois, o barulho de um caça rompeu o silêncio da estrada deserta, mobilizando a artilharia ao redor, que começou a disparar incessantemente para o alto, sem chances de acertar o avião, que seguiu rumo a Brega.

Eu apontei minha câmera em direção ao caça líbio apenas para checar, já prevendo que nem mesmo ela alcançaria o avião para uma boa foto. Consegui ver o momento em que o caça fez um mergulho e despejou uma bomba. Parecia estar acima de Brega. Logo depois, um pequeno cogumelo preto se formou no horizonte. Gritei para Ninio e Abdulla.

- Fiz uma foto do bombardeio bem ao longe.

Abdulla, com as mãos nos olhos para tampar o sol, retrucou:

- Esse piloto é bom!

As risadas precederam um silêncio sombrio e repentino, no qual a brisa, as vozes e os seus próprios pensamentos não existem mais. Daquele momento em diante, tive certeza de que o silêncio era o arauto da morte.

Começou com uma onda de choque que correu sob meus pés. Menos de uma respiração depois, tomou conta de todo o meu corpo a sensação de estar se espatifando em pedaços, como se cada célula estivesse se separando uma da outra.

Um grande e assustador cogumelo negro começou a se formar bem à minha frente. Até hoje posso sentir aquele cheiro, aquele gosto: pólvora e areia impregnando meu nariz, minha boca, minha garganta, meus pulmões.

Eu não sei dizer se o estrondo veio antes ou depois. Só sei que meus ouvidos só entenderam aquele barulho posteriormente.

E, logo em seguida, o silêncio novamente.

Naquele período de não mais do que poucos segundos, a lógica desaparece. As sensações são mais rápidas do que os pensamentos. O corpo reage como pode: a boca seca, a respiração acelera, os olhos correm para todos os lados, na tentativa de entender.

Logo eu entenderia: uma outra bomba havia sido lançada pelo caça. A poucas dezenas de metros de onde estávamos.

E o silêncio se transformou em um zunido ensurdecedor, com um fio de voz atrás quase imperceptível.

- Joel, the car! The car!

Meus ouvidos captaram Abdulla, que, naquele momento, havia perdido todo o seu sangue frio e, aos berros, ordenava que corrêssemos para o carro. Àquele momento, a coluna mortal já estava se desfazendo.

Quando saí daquele transe e percebi que estava vivo, corri como nunca em direção ao veículo. Fui o último a entrar no carro, já arrancando em alta velocidade de volta a Ajdabiya.

Ainda não estávamos totalmente a salvos, mas já era um alento estar no carro. Ninio, com a cabeça para fora da janela, procurava caças acima de nós. O motorista dirigia com as mãos trêmulas. Abdulla, no banco da frente, estava sério e quieto.

Decidi fazer alguma atividade para tentar me acalmar. Tremendo, liguei o *display* da câmera para ver as últimas fotos que havia feito.

O reflexo pode ser definido como uma resposta involuntária do organismo a um estímulo externo. Ele acontece quando o corpo reage antes mesmo de o cérebro tomar conhecimento desse estímulo.

Naquele momento de quase-morte, meu reflexo foi apertar o obturador da câmera.

- Puta que o pariu, Ninio! Olha a foto que eu fiz!

***

Em ato-reflexo, eu havia disparado a câmera no momento exato do bombardeio. Um, dois, no terceiro disparo, um rebelde entrou na cena, correndo logo abaixo da grande explosão.

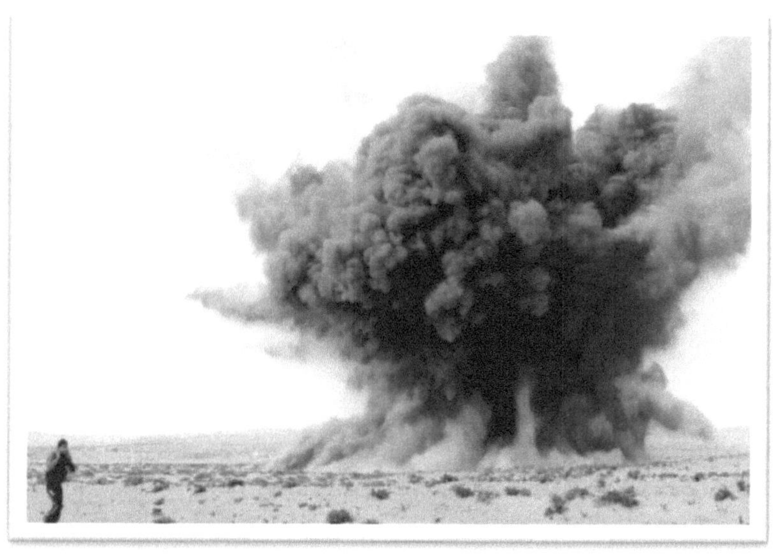

Bomba lançada por caça da Força Aérea da Líbia contra checkpoint rebelde no deserto de Brega

- O piloto é bom, mesmo!

- Ele não é bom, ele errou o alvo - afirmou Ninio, sério.

Abdulla, com ar de orgulho, ensinou:

- Ele não errou. Ele apenas lançou a bomba perto de nós. Foi um alerta. Ele não quer matar ninguém do seu povo.

- A que distância a bomba caiu? - questionou Ninio.

- Aqui, pela foto, calculo que uns 100 m - respondi.

- Não passou de 70 m – sentenciou Abdulla.

Aquela imagem era prova de que Gaddafi estava bombardeando os rebeldes em uma guerra injusta. E nenhum jornalista do mundo tinha aquela história.

- Ninio, eu não disse que tinha míssil para todo mundo?

O olhar do meu colega para mim, juro, foi mais mortal do que aquela bomba.

Corremos para a entrada de Ajdabiya. Os jornalistas que haviam retornado tinham visto de longe o bombardeio e cercaram nosso carro para saber se estávamos bem.

O fotógrafo que horas antes havia perdido a cena do rebelde lançando o míssil se aproximou e pediu para ver a foto. Quando mostrei a imagem, ele virou as costas balançando a cabeça de um lado para outro, demonstrando sua frustação. Uma frustração que todos nós, repórteres, conhecemos muito bem. Não dá para estar em todos os lugares ao mesmo tempo.

Antes de voltarmos para o hotel para transmitir todo material para o Brasil, Ninio e eu resolvemos ir ao hospital. Havia informações de que muitos rebeldes feridos estavam chegando e que lá conseguiríamos mais informações sobre o *front* de batalha.

Em uma zona de guerra, informações desencontradas ou falsas chegam a toda hora, tornando o trabalho da imprensa impreciso e confuso. Para os jornalistas, não basta apenas expor seus corpos a bombas na frente da batalha, é preciso ouvir todas as versões possíveis do acontecimento _e o hospital era uma fonte valiosa de informação, porque os rebeldes feridos podiam dar um relato preciso sobre o combate *in loco*.

O motivo pelo qual atualmente vemos tantas notícias falsas _as *fake news_* é exatamente esse: falta compromisso com a verdade, falta ouvir todas as versões possíveis, falta se arriscar para buscar uma informação completa e precisa.

Antes de entrarmos no hospital, Abdulla me pediu uma das câmeras. Fiquei com ciúmes, mas ele explicou que ele não poderia entrar se não se passasse por jornalista. Como o líbio era primordial para traduzir o idioma árabe, dei a ele minha câmera com a lente 70-200 mm e fiquei com a grande angular (esta, mais apropriada para uma área interna de hospital).

Somente quando vi o *fixer* entrando no hospital é que me lembrei: a câmera que eu tinha entregue a ele estava com o cartão de memória com a foto da explosão.

- Abdulla, *wait*!

Mas o aspirante a fotógrafo havia acabado de virar o corredor.

Para tentar recuperar a principal foto da cobertura, dei um pique. Mas não estava preparado para a cena que veria a seguir.

Gritos de dor compunham uma aterrorizante sinfonia tocada pelas vozes de incontáveis homens feridos, cercados pelo odor pútrido dos corredores do pequeno hospital de Ajdabiya. Médicos desviavam-se dos corpos aos pulos, como se participassem de uma brincadeira de amarelinha macabra: no chão, em vez de riscos de giz, riscos de sangue.

Rebeldes chegavam a todo momento sendo carregados, alguns sem partes do corpo, já desfalecidos. As cenas da guerra estavam visíveis ali.

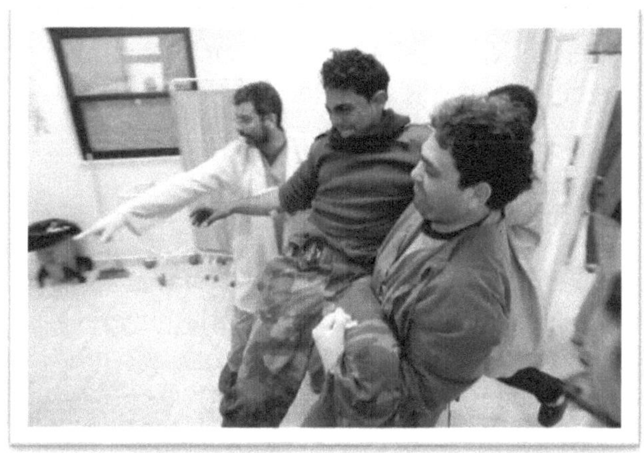

Rebelde ferido chega carregado a hospital em Ajdabiya

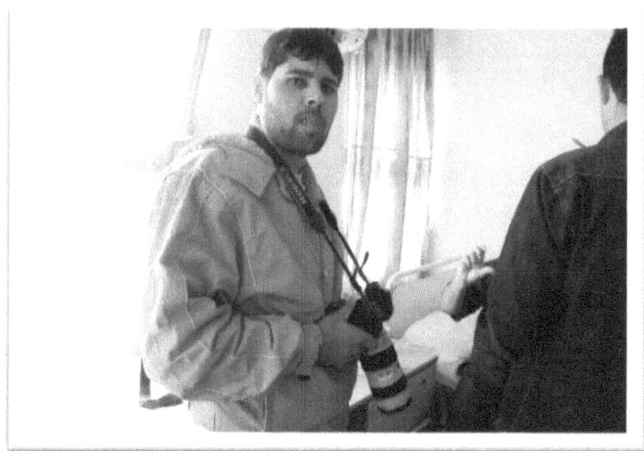

Abdulla com minha câmera dentro do hospital.

Enquanto caminhava pelo local, olhei pela fresta da porta de um dos quartos cheios de feridos e flagrei Abdulla apontando minha câmera para um dos rebeldes feridos no leito.

"Ufa."

Corri em sua direção e pedi que ele me passasse o equipamento. Abdulla me olhou com estranheza. Liguei o *display* e mostrei a ele a foto. Retirei o cartão e entreguei a câmera de volta. Abdulla de um sorriso, entendendo minha preocupação.

Naquele momento de descontração em meio ao horror da guerra, a câmera me ajudou a fazer um amigo. Abdulla continuou brincando de fotógrafo. E eu finalmente relaxei, com o cartão no meu bolso.

***

Já passava das 18h na Líbia, 13h no Brasil, quando retornamos para o hotel de Ajdabiya. Eu estava ansioso para enviar as imagens do bombardeio para o jornal e Ninio precisava mandar seus textos.

Ao chegar ao quarto, vi que as três fotos do míssil, que eu havia deixado carregando pela manhã, haviam, sim, sido transmitidas para o Brasil. Comecei, então, a enviar as fotos do bombardeio e dos feridos no hospital.

O satelital resolveu dar problemas: o *plug-in* (tipo de programa de computador) que permitia a conexão com a internet se corrompeu no meu notebook, impedindo de enviar qualquer arquivo ou utilizar o aparelho como telefone.

Mas a sorte pode se mostrar de várias formas. O defeito aconteceu exatamente no momento em que Ninio tinha enviado seu último texto. E eu também já havia enviado todo o material do dia.

Aquele contratempo nos forçou a tomar uma deliberação indesejada: teríamos que voltar para Benghazi, onde conseguiríamos algum sinal de internet e, assim, baixar um novo *plug-in* para restabelecer a conexão.

Aproveitaríamos a ida àquela cidade para resolver outro problema. Nosso dinheiro estava acabando (eu tinha US$ 200 e Ninio, US$ 300) e o conflito se mostrava longe do fim. Teríamos que passar em uma agência do Western Union e torcer para que estivesse de pé e aberta.

- Joel, em uma guerra, temos que tomar decisões a cada cinco minutos. Vamos para Benghazi amanhã!

Na manhã seguinte, Abdulla recebeu folga de nossos serviços e retornamos para Benghazi com o ex-fiscal-de-obras-que-virou-motorista. O banco estava aberto e conseguimos sacar dinheiro para aliviar nossas preocupações com as despesas. Fomos para o m*edia center* rebelde e, mesmo com uma conexão de internet porcaria, conseguimos baixar o *plug-in* e falar com Eduardo, aquele técnico que havia me dado a aula sobre o aparelho satelital.

- Joel, você não se lembra do que eu falei na aulinha? Você não precisa do *plug-in*. Basta entrar direto no satelital pelo navegador do seu notebook. Tem um ícone no seu computador, basta clicar. A senha é o próprio nome do satelital.

Eu estava tão atribulado durante aquela aula no Brasil que tinha esquecido aquela dica valiosa. O que nos fez "perder" um dia inteiro de cobertura.

Pela manhã, as informações eram de que Brega havia caído nas mãos dos rebeldes e que Ras Lanuf, a cidade mais à frente, estava sob intenso ataque das forças libertárias. Outras cidades, como Ben Jawade, Sirte e Miraste, que margeavam o litoral líbio em direção à capital, Trípoli, estavam sob fogo cerrado, também.

Trípoli poderia cair em breve. É para lá que decidimos seguir. Pela arriscada rota do litoral.

***

É possível dividir jornalistas em dois grupos: entre os que têm ou não *feeling*. Os do primeiro grupo geralmente se adaptam mais a cargos burocráticos, na redação. Os do segundo gostam mais de trabalhar "em campo", como repórteres, correndo atrás das notícias. E Marcelo Ninio, definitivamente, era do segundo grupo.

O *feeling jornalístico* (também chamado de faro jornalístico) é uma sensação de que algo vai acontecer, de que a notícia está em um determinado lugar. Geralmente, essa sensação baseia-se em uma multiplicidade de fatores, em um misto de emoção, lógica, sorte e experiência.

Foi esse *feeling* que me fez, por exemplo, ficar ao lado do rebelde com o lança-mísseis; conversar com aquela mulher, avó do jovem assassinado na periferia; ou ficar mirando minha câmera para as costas de Felipe, o jovem guerrilheiro das Farc.

Esse mesmo *feeling* me fez, também, perder fotos na minha carreira, me direcionando para o lugar errado. O que mostra que, definitivamente, não é uma ciência exata.

A questão é que, quando sentimos isso, dificilmente somos convencidos a voltar atrás. E Ninio era conhecido por ser um repórter com um faro jornalístico apurado. Ele teve o *feeling* de que a queda do ditador Muammar al-Gaddafi aconteceria em questão de dias. No carro, já na rota do litoral, observei meu colega e não tinha dúvidas de que ele estava certo.

O veículo estava lotado. Na direção, claro, nosso colega ex-fiscal de obras. No banco do passageiro, o *fixer* Abdulla. Atrás, eu, Ninio e um repórter do jornal inglês *The Independent*, um jovem baixo e vermelho, chamado Oliver Poole, que havia topado dividir as despesas de viagem.

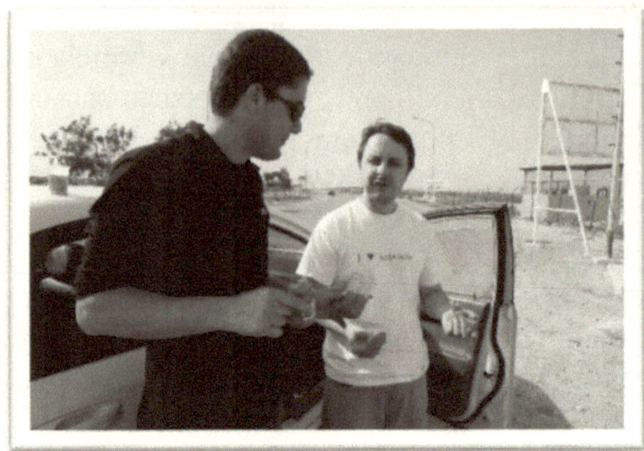

Os repórteres Marcelo Ninio (à esq.), da brasileira *Folha de S.Paulo*, e Oliver Poole, do inglês *The Independent*, comem pão com azeitona

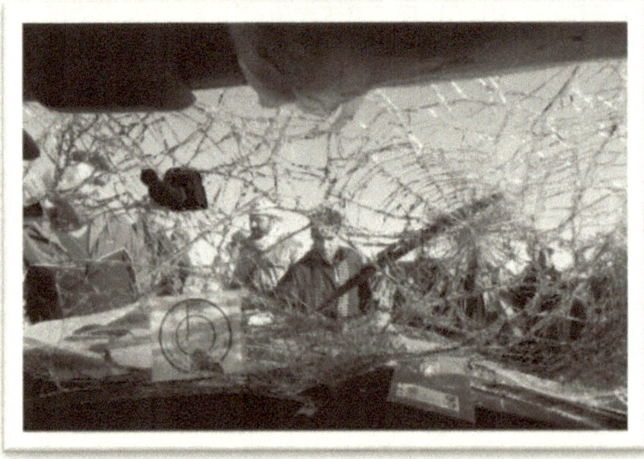

Rebeldes observam carro destruído em estrada no leste da Líbia

Partimos com a certeza de que atravessaríamos pelo meio do campo de batalha, entre as cidades de Brega e Ras Lanuf, antes de chegar a Trípoli.

Depois de um longo silêncio, lembrei-me daquela frase ouvida na fronteira e no aeroporto do Cairo. Decidi perguntar a Abdulla o que ela significava.

- Abdulla, *suhufiin brazili?*

Ele me respondeu em inglês, sorrindo, apontando para mim e para Ninio.

- *Brazilian journalist!*

***

Uma Brega totalmente ocupada por insurgentes já tinha ficado para trás quando altas chaminés cuspindo fumaça negra despontaram sobre as dunas. Era uma refinaria de petróleo. A cena indicava que rebeldes haviam tomado aquele complexo e tentavam fazê-lo funcionar.

- Vamos para lá - decretou Ninio.

Uma equipe da TV americana *CNN* já estava no complexo. Enquanto Ninio e Abdulla caminhavam pelos dutos de petróleo na tentativa de falar com algum responsável pelo local, eu me aproximei da van da emissora. Os seguranças eram ex-combatentes da guerra do Iraque.

Eu disse que seguiríamos para Trípoli e perguntei se estavam vindo de Ras Lanuf. Queria saber se era seguro continuar. Os americanos não foram muito receptivos. Apenas sugeriram que não seria uma boa ideia seguir em frente.

Na volta, dividi a informação com os colegas. Resolvemos fazer uma votação: avançar ou não? Ninio foi prontamente a favor. O inglês balançou a cabeça negativamente. Disse algo como "vocês só podem estar malucos". Ambos olharam para mim, afinal, eu daria o voto de Minerva.

Me senti na pior situação do mundo. As nossas vidas estavam em risco. E a minha decisão poderia selar nosso destino.

Não respondi nem "sim" nem "não". Preferi adotar outra estratégia. Fiz um sinal para o *fixer*, que assistia à reunião calado.

- Abdulla, você pode me acompanhar, por favor?

Andamos alguns passos e perguntei em particular:

- Abdulla, os seguranças americanos são experientes e estão dizendo que não é uma boa ideia seguir em frente. O que você acha?

O rebelde cruzou os braços e sorriu. Demonstrou que gostou de ter sido consultado. Afinal, era o *nosso* segurança. E era líbio. Sabia bem mais do que aqueles *yankees*.

- No problem, Joel. We can go!

"Ótimo, podemos ir sem problemas." E antes de eu comunicar minha decisão aos colegas jornalistas, Abdulla falou baixinho:

- Vocês são corajosos. Aquele inglês é um... Covarde!

De volta ao carro, seguindo viagem, o inglês não parava de balançar a cabeça e falar que éramos loucos. A estrada estava deserta. Nenhum veículo cruzava no sentido contrário. Pedimos ao motorista que fosse devagar, no máximo a 60 km/h, justamente para dar tempo de fugir caso encontrássemos algum perigo. As curvas cercadas de dunas impediam nossa visão muito adiante, aumentando a sensação de medo.

Foi assim, do nada, que vimos um blindado de Gaddafi parado bem no meio da estrada.

E outro, e outro, e outro, formando uma barreira.

***

Já não havia mais tempo de dar meia-volta. Coloquei a mão no ombro do motorista e pedi para que Abdulla traduzisse.

- Não pare e nem tente voltar, ou seremos acertados em cheio pelos tanques.

O coitado do motorista tremia, mas Abdulla não se abalou: traduziu minha frase de um jeito calmo e rápido. O carro seguiu devagar e, conforme nos aproximávamos da fileira de tanques, os soldados começaram a apontar seus fuzis em nossa direção, cercando o veículo.

Pedi os passaportes de todos. Naquela hora, tudo o que consegui pensar foi que brasileiros geralmente são bem recebidos em qualquer parte do mundo. Os ingleses, nem sempre.

Um homem baixo, com farda camuflada nas cores do deserto e com uma cara nada amigável, aproximou-se da minha janela, correu os olhos para dentro do carro, pegou nossos passaportes e fez alguma pergunta em um inglês bem ruim.

Não tão ruim quanto meus ouvidos, ainda mais naquele estado emocional. Eu não tinha entendido nada. Foi a vez de Ninio assumir. Ele explicou que éramos jornalistas brasileiros indo em direção a Trípoli.

- Vocês não têm visto. São ilegais neste país - retrucou o comandante do batalhão.

O inglês, que no calor do deserto estava vermelho, ficou branco.

- Estamos indo para Trípoli exatamente para pegar nosso visto, já que a fronteira está tomada por rebeldes – rebateu Ninio.

"Que presença de espírito", pensei. Mas não adiantou.

- Mentira. Saiam do carro. Agora! - exigiu o militar, em voz alta, seguida de uma frase em árabe.

Os soldados posicionados em volta do carro começaram a engatilhar suas armas.

Ficamos paralisados.

Um dos cinco *personagens* daquele carro iria morrer em breve. Só assim conseguiríamos sair vivos daquele pesadelo.

***

O *fixer* Abdulla desceu do carro, para o meu desterror. Todos os soldados apontaram os fuzis para ele. O rebelde tirou um documento do bolso da jaqueta e se apresentou para o baixinho comandante.

O militar olhou para o papel e começaram uma longa conversa em árabe.

Não demorou até que o motorista saísse do veículo, deixando nós três, os estrangeiros, aprisionados no banco de trás, tremendo, sem saber o que viria depois.

Passados alguns segundos, Oliver, o repórter inglês, acendeu um cigarro e ofereceu para nós. Ninio pegou aquilo e deu uma longa tragada.

Detalhe: Ninio não era fumante.

Depois, meu colega brasileiro passou o cigarro para mim. Neguei. "Se for para morrer aqui, que seja com o pulmão limpo", pensei, com um certo sentimento de honra. Uma grande bobagem, confesso, mas foi tudo o que consegui pensar naquela hora. Talvez como forma de aliviar a tensão.

E conforme o tempo ia passando, o tom da conversa entre Abdulla e o comandante ia aumentando. O *fixer* começou, então, a gesticular e a falar alto. O pequeno militar alterava mais ainda a voz.

Suar frio no deserto é para poucos.

- Ninio... O Abdulla enlouqueceu! Vamos todos morrer! - falei, em tom baixo.

- O cara está gritando com o comandante, que merda ele está fazendo?

Oliver colocou as mãos na cabeça e começou a falar da filha recém-nascida. Estava transtornado.

Foram 15 minutos de discussão lá fora. Eternos 15 minutos. De repente, o motorista olhou para mim e levantou o dedão da mão direita.

- Mas o quê...?

Abdulla aproximou-se do veículo e disse:

- Vocês têm duas opções. A primeira é seguir em frente, mas em poucos quilômetros tem outra barreira militar, sem garantia de que conseguiremos passar. Lá, podemos ser presos e torturados.

- E a segunda opção? - perguntou, desesperado, o repórter inglês.

- Eles vão deixar que retornemos para Ajdabiya - respondeu Abdulla, com um sorriso no rosto.

O inglês do *The Independent* decidiu que, desta vez, não teria votação.

- Retornamos já! - bradou Oliver.

Troquei algumas palavras em português com Ninio e decidimos não arriscar. Minutos depois, estávamos na tortuosa estrada de volta a Ajdabiya.

- Abdulla, por que aquela discussão? Por que você gritou com o comandante? - questionou Ninio.

O guia tirou o documento novamente do bolso e mostrou-o para nós.

- Fui comandante das Forças Especiais do Exército Líbio. Aqueles soldados foram subordinados meus!

Meu queixo só não caiu porque ainda estava tremendo de medo.

- Eu sou contrário a toda esta baderna rebelde, sou contrário a esta revolução! Mas quero o bem do meu país, do meu povo, por isso estou deste lado – continuou Abdulla. Eu e o comandante estávamos discutindo questões políticas, só isso.

Tudo agora se encaixava. Era óbvio que aquele homem havia chamado o jornalista inglês de covarde. O que para nós é a defesa da vida, para um experiente militar das Forças Especiais pode soar como fraqueza.

Abdulla havia sido extremamente corajoso. Para salvar as nossas vidas, havia revelado, a seus ex-companheiros, que era tanto um desertor do exército quanto contrário aos próprios rebeldes _sabendo que a notícia poderia se espalhar. Naquele momento, eu não poderia imaginar que aquele acontecimento havia acionado uma importante engrenagem para o destino daquele líbio.

E foi assim, para o nosso alívio, que Abdulla finalmente decidiu *matar o seu personagem*, o *fixer*, para revelar o seu verdadeiro papel, o de um experiente militar.

***

No meio do caminho para Ajdabiya, de volta a Brega, uma aglomeração de rebeldes e camionetes à beira da estrada chamou a nossa atenção. Era um pequeno hospital, onde os feridos estavam sendo transportados em caçambas de picapes. Estacionamos.

Logo na entrada do hospital, um rosto parcialmente desfigurado e familiar se destacou entre os feridos naquele fim de mundo. Com grandes hematomas nos olhos, aquele homem parecia andar desorientado por um dos corredores.

O jornalismo não era um mundo tão grande. E as coincidências adoram universos menores.

Era Humberto Trezzi, o repórter do jornal *Zero Hora* que eu havia conhecido no morro do Alemão.

Percebi que ele não estava conseguindo enxergar direito. Aproximei-me e disse.

- Rapaz, o que houve?

Trezzi levantou a cabeça e tentou fazer força para abrir mais os olhos para me reconhecer. Não sei se, naquele momento, ele sabia que estava falando comigo. Respondeu atordoado:

- Uma bomba... Lançou nosso carro para fora da estrada... Capotamos. Minha vista está embaçada.

O brasileiro estava em Ras Lanuf em um carro com outros três jornalistas, franceses, e um motorista líbio. O motorista fugia de tiros de canhão na estrada quando o veículo colidiu atrás de uma van, que havia freado repentinamente para evitar uma explosão de bomba na rodovia. Trezzi, no banco da frente, ficou ferido no olho esquerdo e na cabeça.

O jornalista foi conduzido de Ras Lanuf até Brega, onde estávamos, em uma ambulância do Crescente Vermelho (tipo de Cruz Vermelha daquela guerra). No caminho, o veículo também foi alvo de bombas.

- Você está bem, Trezzi? Precisa de algo?

- Tem um caco de vidro no meu olho, ainda. Preciso retornar para Benghazi o quanto antes!

Ninio e eu, com a ajuda de Abdulla, conseguimos outra ambulância para o repórter, que, sentado na maca, tentava entender direito tudo o que estava acontecendo.

Trezzi mal havia chegado à zona de conflito e uma bomba tinha jogado-o para fora daquela guerra _por sorte, só lhe arrancara de sua cobertura jornalística, não de sua vida.

Quando a ambulância partiu, pensei que só voltaria a ver Trezzi no Brasil. Mas, como eu disse, o jornalismo é cheio de coincidências.

***

Os 15 dias seguintes mostraram que Gaddafi ainda se mantinha vivo _e que, para minha surpresa, o *feeling* de Marcelo Ninio havia falhado daquela vez. Uma parte da tropa leal ao ditador dificultava o avanço dos rebeldes rumo a Trípoli. As cidades de Sirte e Ras Lanuf tornaram-se palcos de violentos combates.

O clima entre os insurgentes começou a ficar tenso. O avanço dos rebeldes estava cada vez mais difícil. Os combates lembravam passos de um tango argentino: ora os rebeldes avançavam, ora recuavam, deixando cada vez mais baixas espalhadas pelo palco de areia.

Essa queda de braço foi péssima para nós, profissionais de imprensa, que já não éramos tão queridos. A situação se complicou mais ainda após o surgimento de rumores de que alguns jornalistas trabalhavam como espiões do ditador.

Durante esses 15 dias, viajamos diariamente 200 km, entre Brega e Las Ranuf, para cobrir as frentes de batalha. Os bombardeios, a artilharia rebelde cuspindo balas contra o céu azul da Líbia, os carros de combate queimados na beira da estrada e os feridos nos hospitais tornaram-se rotina.

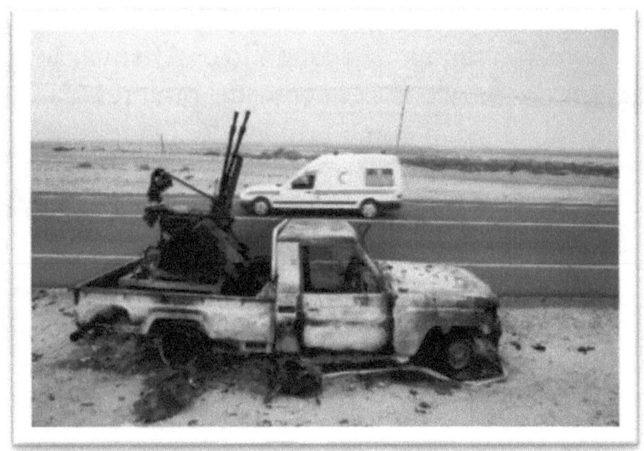

Ambulância passa por camionete destruída em estrada no leste da Líbia.

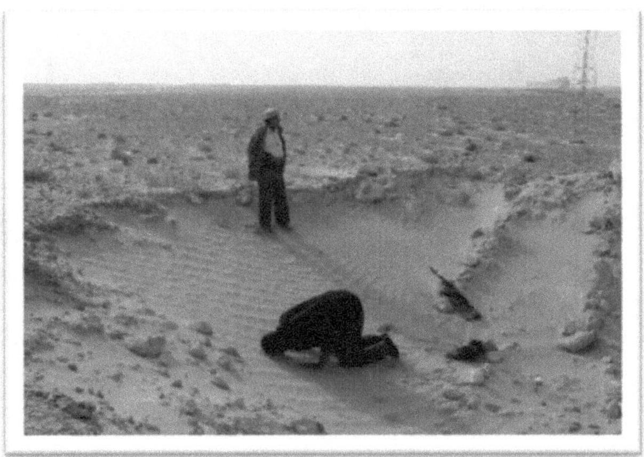

Rebelde faz oração em buraco deixado por bomba no deserto

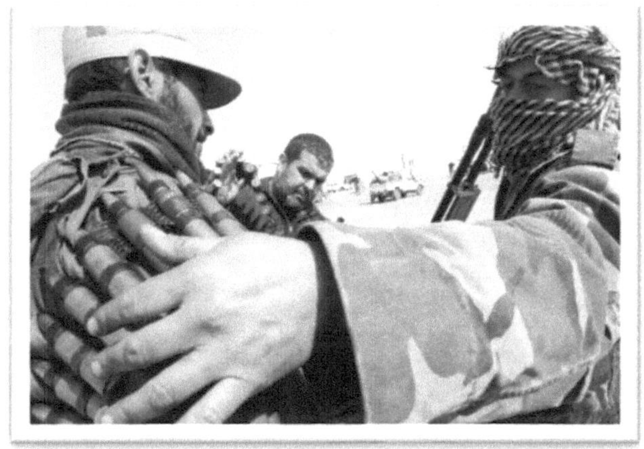

Rebeldes líbios conversam em entrada de vilarejo ao leste do país

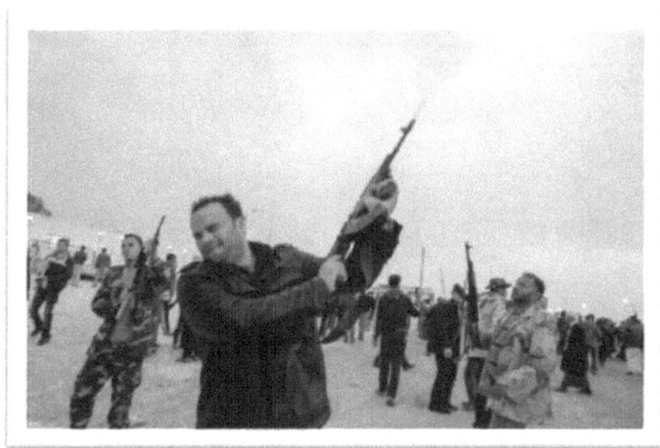

Opositores do governo Gaddafi atiram com AK-47 para o alto, em comemoração por tomada de cidade

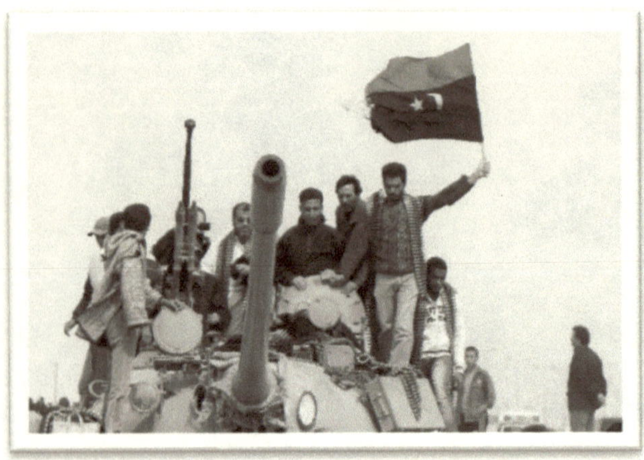

Homens se deslocam para o *front* de batalha em tanques de guerra

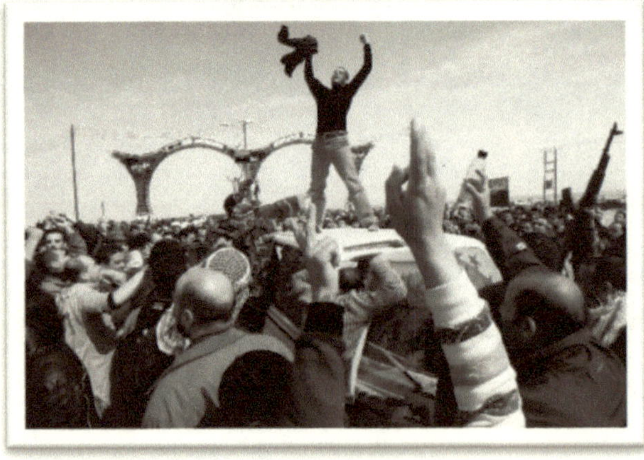

Líbios comemoram tomada de cidade próximo a Brega

Por conta do clima seco do deserto, uma tosse alérgica passou a ser nossa companheira nas noites de pouco sono.

E perdemos os serviços de Abdulla. Sua experiência militar logo foi descoberta por uma equipe de TV inglesa, que ofereceu a ele o dobro do que pagávamos. Nosso "militar particular", que tinha salvo a vida de todos nós, hesitou. Mas Ninio insistiu para que aceitasse a oferta, afinal, era a chance de ele ganhar algum dinheiro naquele país arrasado pela guerra.

Mas a lealdade daquele nosso já amigo não falhara. Numa das noites, Abdulla apareceu no hotel enquanto transmitíamos o material do dia e bateu à nossa porta.

- Vocês precisam ir embora amanhã cedo! - afirmou, com seu ar militar.

- Por quê? - perguntou Ninio.

- O exército está bem próximo daqui. Ajdabiya vai cair em breve.

Foi um choque para nós. Como Gaddafi conseguia resistir e, mais do que isso, voltar a tomar território rebelde? Começamos a disparar perguntas a Abdulla, que nos pediu calma.

- Amigos, nós merecemos uma boa refeição. Ainda dá tempo disso. Vamos comer arroz com batata frita em um pequeno restaurante de um amigo, próximo ao hotel. Lá, conseguiremos conversar tranquilamente, sem o intenso barulho da artilharia. E poderei responder a todas as suas perguntas.

Estávamos a dias sem fazer uma alimentação decente. Durante o farto jantar, as conversas iniciais centraram-se nas estratégias do conflito, mas não demorou muito para que Abdulla, curiosamente, começasse a fazer perguntas pessoais para nós.

- Joel, você tem filhos?

- Sim, tenho um casal: Gabriel e Letícia. E você?

Abdulla abaixou a cabeça, varreu um grão de arroz na beirada da mesa com a mão e respondeu, pensativo:

- Ainda não, mas sonho um dia poder ter. Casei-me faz pouco tempo.

Ninio esticou a mão para cumprimentá-lo, mas Abdulla, sem conseguir esconder sua frustração, apertou a mão do repórter timidamente.

- Minha esposa está fazendo exames...

Durante o resto do jantar, Abdulla mostrou a outra faceta daquele militar forte e destemido. Despejou à mesa sua mais profunda batalha pessoal. Sonhava com um filho, como forma de dar continuidade ao sangue e, também, à tradição militar familiar. Queria ensinar, a seu descendente, sua coragem e determinação para que, quando crescesse, se tornasse comandante das Forças Especiais do Exército Líbio _como haviam sido Abdulla e seu pai.

Mas aquela batalha pessoal estava praticamente perdida. Exames médicos indicaram que a mulher tinha um problema grave de saúde que impedia a gravidez.

- Ela precisa fazer um tratamento. Aqui, na Líbia, não tem... Mas não vou levá-la para fora - disse ele, ainda com a cabeça baixa.

- Se um dia decidir o contrário, você está convidado a ir para o Brasil – afirmei. - Eu o ajudarei na busca de tratamento, meu amigo.

Deixei meu cartão com Abdulla, que agradeceu.

- Acho difícil, mas... Fico feliz de saber que posso contar com vocês.

No dia seguinte, antes de o sol do Oriente bater em nossa janela, fomos acordados pelos gritos de um dos rebeldes.

- Evacuar o prédio! Evacuar o prédio!

As tropas do ditador estavam na periferia de Ajdabiya e chegariam ao hotel em uma questão de horas. Graças ao amigo Abdulla, estávamos preparados. Pegamos rapidamente nossas coisas e, pouco antes de sairmos do quarto, a televisão, ligada, anunciou algo inacreditável.

A notícia nada tinha a ver com o conflito na Líbia. Era 11 de março de 2011. Um tsunami acabara de varrer a costa do Japão.

Obviamente, fiquei estupefato com o que tinha acontecido. Milhares de mortos em questão de segundos. Cidades inteiras arrasadas. Mas, depois de sofrer esse rápido luto interno, tudo o que eu consegui pensar, naquele momento, foi: "O noticiário internacional vai mudar de foco. Finalmente teremos um pouco de descanso e paz."

Eu estava errado. Eu estava completamente enganado.

Em breve, estaríamos em uma fuga perigosa e desesperada para salvar as nossas vidas.

*****

Segui para o estacionamento onde o velho fiscal de obras nos aguardava para nos levar para Benghazi. Ao lado do nosso carro, um cinegrafista da TV *Al Jazeera* colocava as malas apressadamente dentro de sua van.

- Vocês também estão fugindo para a folga? - brincou o colega.

Conversamos rapidamente. Partimos primeiro, pois a equipe da *Al Jazeera* ainda estava arrumando algumas coisas. Já passava do meio-dia quando chegamos a Benghazi. Deixamos nossas malas, sem desfazê-las, no Hotel Uzu e seguimos direto para o *media center* rebelde, na praça central da cidade.

Ninio buscava contatos para tentar uma entrevista com o comando rebelde de Benghazi enquanto eu caçava sinal de internet para tentar falar, via Skype, com a redação no Brasil. Foi quando percebi uma aglomeração em frente a uma TV presa a uma parede negra, parcialmente queimada pela revolta.

A transmissão era em árabe, mas as legendas estavam em inglês. Quando vi a chamada no pé da tela e olhei para a foto que aparecia, tive que me segurar em alguém para não desfalecer.

"Dead - Ali Hasan Al Jaber."

Era o cinegrafista que havíamos falado naquela mesma manhã, no estacionamento do hotel em Ajdabiya. Estava morto. Ele e sua equipe foram pegos em uma emboscada, em Hawari, bem perto de Benghazi.

A van da *Al Jazeera* fazia parte do comboio de jornalistas que fugiam de Ajdabiya e não estava tão longe de nosso carro. "Poderia ser a minha foto naquela tela."

A sensação de quase-morte foi idêntica à daquele dia em que a bomba estourou a 70 m de mim. O silêncio em meio a um barulho ensurdecedor. A incompreensão perante o que estava acontecendo. As reações incontroláveis do corpo. Era como se eu voltasse para aquele momento de terror.

Voltei para o meu notebook, ainda atordoado, com a cabeça baixa e os olhos no chão. Sentei na cadeira e olhei pela grande janela em frente à minha mesa. A praça, que estava tranquila, de repente foi tomada por líbios, que corriam de um lado para o outro.

Um abafado e longo barulho seguiu-se de uma coluna de fumaça logo à frente.

"Meu Deus! Não pode ser! Outra bomba?"

Pude sentir a adrenalina espantando a sensação horrível de tristeza. Peguei minha câmera, pulei pela janela e comecei a correr em direção à fumaça. Homens, mulheres e crianças corriam em sentido contrário tampando a boca e o nariz.

O fotógrafo sul-africano Kim Ludbrook, da *EPA (European Pressphoto Agency)*, estava logo à minha frente. Um grupo de rebeldes que fazia a segurança da área o cercou, dando brecha para eu contornar e achar um bom ponto para registrar a correria na praça. Logo depois eu soube que tinha havido um incêndio em um prédio próximo.

Quando a adrenalina baixou, percebi que eu estava completamente desestabilizado. Meu estado emocional ficou totalmente comprometido. Eu só pensava naquele cinegrafista morto e naquela explosão bem em frente aos meus olhos _ainda que não fosse uma bomba, mas um prédio em chamas.

"Gaddafi está chegando e eu posso morrer a qualquer momento."

De volta ao computador, finalmente conseguimos, eu e Ninio, fazer uma transmissão de vídeo, naquela manhã de sábado, com a chefia de redação no Brasil.

Depois de uma rápida conversa, o celular de Ninio tocou.

- Abdulla? Oi!

Alguns segundos depois, o semblante do repórter fechou completamente. Ele abaixou o telefone e virou-se para mim.

- Joel, o Abdulla disse que, se você quiser ver seus filhos de novo, temos que fugir daqui *agora*! Os soldados de Gaddafi já estão infiltrados com o objetivo de sequestrar jornalistas.

***

- Temos que fugir. Assim que estivermos em segurança daremos um retorno – disse Ninio para a tela, fechando o laptop sem esperar pela resposta.

Se fôssemos capturados, provavelmente seríamos torturados e mortos. Talvez nossa execução seria filmada, sob grito de "traidores!", o facão cortando rapidamente o pescoço até que corpo e cabeça estivessem separados.

Aquela visão começou a me assombrar de tal maneira que eu não conseguia mais concatenar pensamentos nem falar direito com Ninio. No hotel, só conseguia pensar nos meus filhos. Naquele momento, meu coração finalmente compreendeu o repórter inglês do *The Independent* naquele carro quente.

No saguão, os jornalistas estrangeiros presentes deram início a uma reunião de emergência para discutir a situação. Ninio, o mais calmo de todos, repassou a informação ao grupo, dizendo que a fonte era extremamente confiável e que precisaríamos fugir o quanto antes.

Enquanto a assembleia ocorria, decidi procurar motoristas no estacionamento. Havia alguns deles, ávidos por clientes como eu: jornalistas desesperados para uma fuga. E uma das leis de mercado mais conhecidas, a da oferta e da procura, não falhou naquele momento: cobravam US$ 800 para a vigem até Cairo.

Eu e Ninio tínhamos, juntos, US$ 520.

"Precisamos achar alguém que queira ir junto para dividir as despesas."

Falei com todos os colegas daquela reunião, mas (com exceção de Ninio, claro) a decisão havia sido unânime: achavam que o hotel era mais seguro naquele momento e iriam ficar pelo menos até a manhã seguinte, quando avaliariam novamente a situação.

Subi as escadas, em direção ao meu quarto, arrasado. O primeiro local que os infiltrados de Gaddafi iriam procurar, obviamente, era o hotel onde estavam jornalistas. Iriam fazer a festa. Poderiam escolher reféns entre as redes de televisão, rádios e jornais mais famosos do mundo. E, provavelmente, quem não fosse preso seria fuzilado ali mesmo.

Nesse instante, um som baixo, quase imperceptível, flutuou no meio de meus pensamentos. Um zunido eletrônico rápido, que eu já havia ouvido um milhão de vezes em toda a minha vida.

"Uma câmera desligando."

Corri para a porta entreaberta de onde veio o som. Eu sabia de quem era o quarto.

Depois de uma rápida conversa, Kim Ludbrook, o colega sul-africano, topou fugir com a gente naquela noite.

Uma van escura encostou na frente do hotel às 23h daquele sábado. O motorista era um líbio magro, malvestido, com um lenço na cabeça. De pele escura e enrugada, olhos fundos e lábios finos, desceu do veículo sem falar nada.

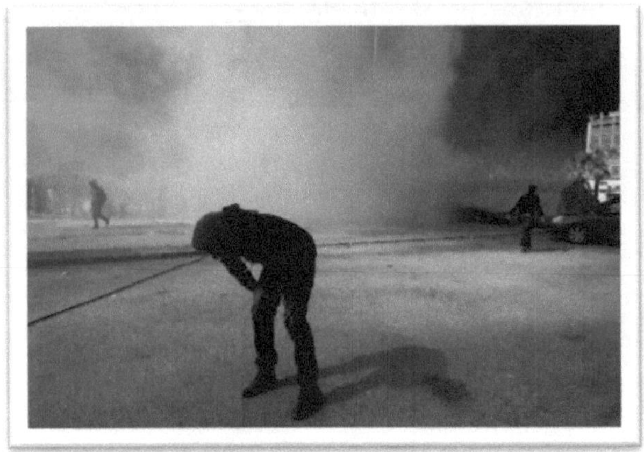

Rebelde se protege de fumaça na praça central de Benghazi

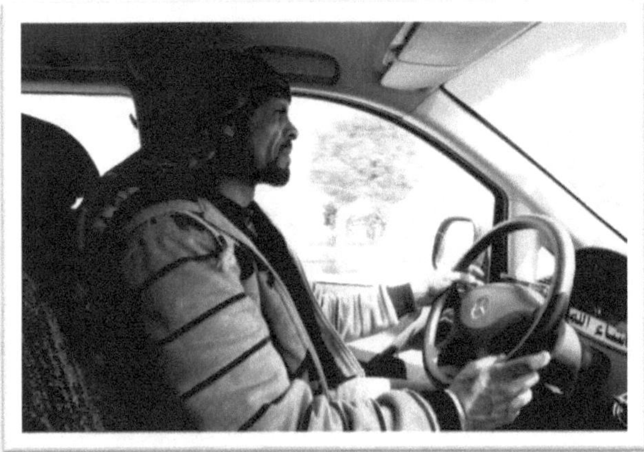

O motorista contratado por mim, Ninio e Ludbrook para a fuga até o Egito

Percebi que Ninio estava tendo outro *feeling*.

- Joel, esse cara vai dormir no volante. Serão quase 16 horas de viagem até o Cairo...

- Ninio, da última vez que você teve esse seu *feeling*, aí, você tinha certeza de que Gaddafi iria cair em breve. Ele está avançando e a gente quase morreu.

- O motorista não me passa confiança! Olha a cara de drogado dele, Joel...

Eu precisava convencer Ninio a sair daquele país. A qualquer custo.

- Eu fico na frente. Estou descansado. Mantenho o cara acordado, garanto! - eu disse.

- Não dá, Joel. Alguma coisa me diz que...

Tive que usar minha última cartada.

- Ninio, em uma guerra, temos que tomar decisões a cada cinco minutos. Vamos fugir para o Cairo agora!

O colega olhou para mim sem acreditar que havia ouvido aquela frase de outra boca que não a dele. Refletiu por alguns segundos. E, sem falar nada, pegou sua mala e colocou-a dentro da van.

O veículo começou a cruzar a escuridão do deserto antes da meia-noite. A minha boca, totalmente seca, dava só um dos reflexos de meu organismo contra a sensação de medo e impotência em estar naquela situação.

A cada *checkpoint* rebelde, homens armados e nervosos exigiam nossas credenciais e revistavam a traseira da van, tirando Ninio e Kim do sono. Mas não eram essas paradas que mais me incomodavam.

De tempos em tempos, o motorista estacionava a van na beira da estrada e, sem falar nada, sumia na escuridão do deserto. Na primeira vez, obviamente, pensamos que era para urinar. Mas, quando isso aconteceu duas, três, cinco vezes, percebemos que havia alguma coisa errada.

- Por que esse cara para a toda hora? - perguntou Ninio.

- Deve ser para fazer oração! - inventei, para acalmá-lo.

Minha inquietação parecia triplicar os quilômetros da estrada. Meus olhos ora acompanhavam o caminho iluminado pelos faróis, ora vigiavam, disfarçadamente, o grau de sonolência do motorista.

De vez em quando, uma sensação estranha me fazia colocar a cabeça para fora e olhar para trás. Eu queria me certificar de que o espírito negro da morte não estava lá, nos seguindo, na expectativa do melhor momento para atacar.

Finalmente, um facho de luz dourada despontou no breu, como um farol no meio do mar de areia. Era a torre de vigilância da fronteira Líbia-Egito. O alívio em minha alma durou os poucos quilômetros até chegarmos à área de controle.

Os soldados nos barraram porque meu passaporte não tinha o visto de saída do Egito. O mesmo visto que um dos militares havia falado que não precisava, apesar de minha insistência.

- Como você está entrando "de volta" sem ter seu visto de saída? - perguntou um soldado.

- Eu pedi quando estava entrando na Líbia, mas vocês falaram que não precisava.

- Claro que precisa. Quando foi isso?

Depois de longas explicações, intermediadas pelo motorista, que _adivinhe?_ não falava inglês, fomos liberados.

O *feeling* de Ninio de que Gaddafi cairia em breve havia falhado, apesar de nos ter proporcionado ótimos furos jornalísticos. Mas, como eu disse, *feeling* é assim mesmo: uma hora você acerta, outra hora você erra.

Desta vez, o *feeling* de Ninio havia funcionado. Apesar de estarmos entrando em solo seguro, no Egito, ainda estávamos correndo um risco enorme por causa daquele motorista.

***

Ainda tínhamos oito horas de viagem pela frente quando o motorista parou a van em um vilarejo para abastecer nossas garrafas de água. Desci do veículo para esticar as pernas e, ao me espreguiçar, notei um objeto estranho embaixo do banco do motorista.

- Um cachimbo de crack! O cara é viciado, mesmo, Ninio!

Não deu nem tempo de discutirmos a situação. O motorista apareceu ao lado de outro homem, dono de um comércio local, que sabia falar inglês.

- Este motorista está dizendo que vocês devem mais US$ 300 para ele.

"Oi? Além dos US$ 800?"

- Por quê? - questionou Ninio, tão incrédulo quanto eu.

- Ele disse que teve de pagar os soldados da alfândega para liberarem o seu colega – e apontou para mim.

- Mas ele nem sequer mexeu nos bolsos! - rebateu Ninio.

O clima ficou tenso. Temíamos que, se o motorista nos deixasse naquele local, teríamos que passar por apuros para conseguirmos voltar ao Cairo. E não tínhamos ideia do que aquele motorista, viciado em crack, seria capaz. E se tivesse uma arma consigo?

Kim Ludbrook decidiu apaziguar os ânimos: retirou US$ 300 do bolso e entregou ao motorista.

Mas ainda estávamos com medo real daquele homem, que, em poucos minutos, havia se revelado um viciado e um corrupto. Para complicar, ele "inventou" outro problema: resolveu trocar um dos pneus dianteiros da van. Para pegar o estepe, tivemos de tirar toda a nossa bagagem da traseira do veículo. Ficamos imaginando se não era uma tática para que ele fugisse sem nós.

No meio de toda essa situação, surgiu uma saída. Ninio foi até um grupo de egípcios estacionados com suas vans em uma área próxima de onde estávamos e conseguiu alugar um outro veículo com um senhor que cobrou US$ 100 para nos levar até o Cairo. Já que nossas malas estavam à mão, nossa "fuga" foi bem fácil.

Enquanto o motorista drogado girava a chave de rodas na tentativa de extrair o pneu de sua van, passamos do lado, meio abaixados, em silêncio, no outro veículo.

Quando atingimos a estrada novamente, eu, Ninio e Kim nos entreolhamos. Um segundo depois, ocorreu uma explosão.

De gargalhadas.

***

Chegamos ao Egito às 18h e fomos direto a um dos hotéis Flamboyant, onde jornalistas costumavam se hospedar. Ao entrar no lobby, me deparei com um rosto familiar. Era Humberto Trezzi, com um tampão no olho esquerdo, já devidamente medicado.

Ele estava de saída: seu voo era naquela noite. Nos despedimos e ele embarcou no táxi para o aeroporto. Ao ver o veículo se distanciar, pensei: "Que coincidência ter encontrado o Trezzi de novo aqui. Quando voltar ao Brasil, farei questão de ir visitá-lo."

Nunca mais o vi. Até agora. Afinal, eu sei que o mundo jornalístico não é tão grande e é repleto de coincidências.

Dali fui direto para o bar do hotel. Pedi uma caneca de 500 ml de cerveja e despejei goela abaixo. Nunca tomei uma cerveja tão gostosa. Aquele líquido dourado havia matado a minha sede de vida.

Passei três dias no Cairo. Consegui chegar ao Brasil a tempo do aniversário de sete anos da minha filha.

Era um dia quente em Ribeirão Preto. Quase tão quente quando o do deserto líbio. Já em casa, depois de horas de voo atravessando o Atlântico, recebi uma ligação de Rogério Gentile, o secretário de redação da *Folha de S.Paulo*.

- Oi, Joel, tudo bom?

- Tudo, Gentile, e aí? Tudo certo com as fotos?

- Tudo ótimo. Estou ligando porque a ONU decretou uma nova exclusão aérea na Líbia. Gaddafi não vai poder bombardear mais os rebeldes e a guerra está virando a favor deles.

Fiquei feliz com a notícia. Engana-se quem acha que jornalistas não escolhem um lado.

- Que bom, Gentile, obrigado por me avisar!

- Não liguei só para dar a notícia, meu caro. Quero saber se você pode voltar para lá.

Revivi, em um milésimo de segundo, todos os momentos intensos daquelas semanas naquele país tão diferente do nosso, período em que eu aprendi o valor da vida, o valor da cultura, o valor da amizade. "É claro que eu quero voltar!", concluí.

Mas as sete velas no bolo de chocolate acenderam em mim algo maior. Bem maior.

- Obrigado, Gentile. Mas, desta vez, vou seguir o conselho do meu amigo Abdulla. Vou ficar com os meus filhos.

***

A meu ver, de todas as estratégias de Gaddafi, a mais surpreendente foi ter enganado até o *feeling jornalístico* de Marcelo Ninio. O ditador resistiu ainda por várias semanas, assim como havia resistido no poder, de uma forma ou de outra, por 42 anos.

As tropas rebeldes conseguiram tomar Sirte, o último grande reduto das forças do ditador. No dia 20 de outubro de 2011, o Cachorro Louco tentava fugir da cidade quando foi capturado por um grupo de insurgentes. Foi torturado e espancado.

Um vídeo amador mostra Gaddafi, ainda vivo e ensanguentado, sendo carregado, como um troféu, em Sirte. Foi o último ato daquele homem, que cumpriu a promessa de ficar no poder até a morte.

A morte... Na fuga para o Egito, eu temia a figura da morte, em seu manto escuro e assustador, perseguindo nosso veículo. Foi só depois que eu entendi que a morte não precisava se revelar, pois está disfarçada em muitos de nós. Em alguns poucos, como Gaddafi, morte e homem são um só.

O termo "Primavera Árabe" mostrou-se, para mim, muito mais do que uma alusão à estação do ano ou ao levante ocorrido em Praga. Nos olhos daqueles bravos rebeldes, pude ver a "primavera" como a esperança de um novo tempo, um pouco mais florido, um pouco mais colorido, um pouco mais livre.

A liberdade de poder andar a esmo na rua. De brincar com brinquedos, não com armas. De fazer uma refeição ao som de música, não de bombas. De trabalhar dignamente, sem correr riscos absurdos. De ter um filho em um país mais justo.

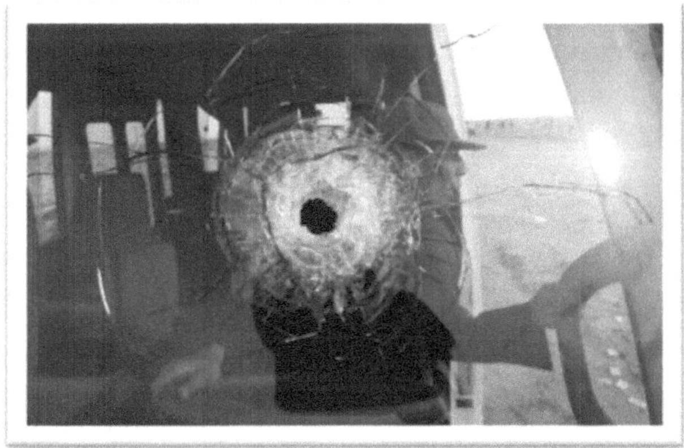

Rebelde dentro de onibus, perfurado por tiro.

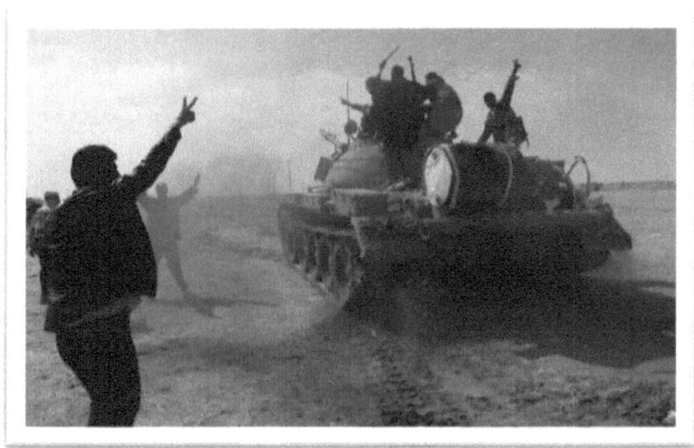

Insurgentes seguem para front de guerra em tanque.

É uma pena que a morte de Gaddafi tenha significado tão pouco para a paz. O ocaso do Cachorro Louco acabou abrindo espaço para que grupos radicais terroristas como o Isis (Estado Islâmico do Iraque e da Síria) passassem a avançar com suas garras sobre a Líbia, decretando uma nova ditadura e deixando um novo rastro de mortes no país.

E de todas as dezenas de milhares de vítimas daquela guerra insana, de toda aquela montanha de corpos, de todos aqueles sonhos interrompidos... Uma daquelas baixas foi, de longe, a mais dolorosa em meu coração.

Alguns meses depois, eu finalmente consegui contato com o Hotel de Ajdabiya. Falei com o recepcionista, aquele mesmo da AK-47.

- Oi, meu nome é Joel, fotógrafo, estive aí há alguns meses.

- Não sei quem é.

- *Suhufiin brazili*!

- Sim.

- Você é amigo do Abdulla?

- Sim.

- Você tem o telefone dele?

- Abdulla foi morto por rebeldes.

O massacre no Cairo

Qual é a distância de um triz?

Seriam os quilômetros que separam uma morte violenta na periferia de uma metrópole e a tranquilidade de suas áreas nobres?

Ou seriam os 70 m de uma faixa de areia entre uma bomba e um grupo de rebeldes?

Ou, quem sabe, seria apenas 1 metro: o equivalente ao passo de um guerrilheiro, que olhou para trás no último momento possível para o registro de uma fotografia?

Não.

Um triz é não mais do que alguns milímetros.

Foi o Egito que me ensinou isso.

Após eu levar um tiro na cabeça.

***

Às vezes, a aprovação de uma pauta exige um burocrático procedimento envolvendo procura de fontes, pesquisas de dados e, claro, planilhas de custos. Às vezes, depende da perspicácia de um pauteiro ou de um editor, como Marco Canônico, que sabe os atalhos da chefia.

E, às vezes, só precisa de um bate-papo no estacionamento do jornal.

Era 2013. O rastilho da Primavera Árabe já tinha deixado sua trilha de mortes na Líbia. Agora, já tinha seguido rumo ao leste, da África para o Oriente Médio, junto com o sopro do vento quente do deserto do Saara.

A Síria era a atual carta da mesa no jogo das revoluções: os sírios se rebelaram contra a tirania da família Al-Assad, que havia décadas dominava aquele país. O problema é que a guerra civil havia se prolongado tanto, sem solução, que o país ficou em ruínas.

Desta vez, eu tinha um plano em mente: queria fazer uma longa cobertura jornalística no Oriente Médio pela *Folha de S.Paulo*. Após as pesquisas iniciais, liguei para o correspondente do jornal em Jerusalém, Diogo Bercito – um repórter inteligente e perspicaz, que falava fluentemente o inglês e o árabe, e estava estudando hebraico.

Perguntei a ele se poderia haver interesse na presença de um fotógrafo na região por três meses.

- Aqui em Jerusalém está mais tranquilo do que missa de domingo, Joel - afirmou Bercito. - Israel está libertando palestinos presos como forma de negociar a paz com o Hamas, organização terrorista palestina. A Síria é que está complicada.

Mesmo com a calmaria, foi a minha vez de ter um *feeling*. Eu queria ir para lá. Algo me dizia que ainda havia muitas histórias de guerra a serem contadas, muitas imagens que o mundo ainda não tinha visto.

É por isso que comecei um detalhado trabalho de apuração para investigar a rotina de uma pessoa muito importante para que aquele projeto pudesse se transformar em realidade: Sergio Dávila, o diretor de redação da *Folha*. Depois de alguns dias, veja só que coincidência, trombei com ele no estacionamento do jornal pela manhã.

Ele vestia seu paletó, ao sair do carro, quando apresentei o projeto verbalmente a ele.

- Maravilhoso, Joel, está aprovado. Me encaminhe os papéis que eu libero.

Pensei que seria mais difícil.

Às 18h do dia 13 de agosto 2013, eu desembarcava no sufocante verão de Jerusalém como correspondente-fotográfico da *Folha*. Segui direto para o pequeno apartamento que havia alugado na esquina das ruas Betsal'el e Nisim Bachar, a cerca de 15 minutos a pé dos muros da Cidade Velha.

Encontrei-me com Bercito no Chuck's Old Market, um boteco perto da minha nova moradia. Depois de algumas cervejas e horas de conversa sobre a calmaria da região, resolvi descansar da longa viagem.

Na manhã seguinte, o sol do Oriente insistiu em encontrar uma fresta na madeira velha da janela do quarto e correr direto para os meus olhos, lançando luz sobre a escuridão dos meus sonhos. Fui para a cozinha, na primeira manhã em Jerusalém, a fim de fazer um café.

Enquanto a água esquentava na chaleira elétrica, por volta das 7h, resolvi fazer o papel de correspondente: abri sites de notícias locais para vasculhar pautas. A primeira página que abri foi a do *Haaretz* (algo como *A Terra*, ou *O País*, em português), o segundo maior jornal do país.

Lembro-me até hoje do barulho da chaleira apitando enquanto eu lia aquela triste manchete:

"Centenas de mortos em retirada de acampamentos islamitas no Egito."

***

"Não pode ser. No meu primeiro dia?", pensei. Corri os olhos pela notícia.

Integrantes da Irmandade Muçulmana, partidários do presidente islamita destituído Mohamed Mursi, haviam ocupado duas praças do Cairo em protesto contra os militares. Mursi, eleito democraticamente, havia sido destituído do poder pelo Exército no dia 3 de julho, após uma série de manifestações da população.

Depois de vários avisos, forças de segurança egípcias abriram fogo contra os civis que ocupavam as praças. Os relatos iniciais eram de centenas de mortos e milhares de feridos.

Corri para o telefone e liguei para Bercito, que atendeu sem dizer "alô".

- Você é quem trouxe os fósforos, Joel?

Eu fui pego de surpresa.

- Que fósforo?

- Ué, acabou de explodir um barril de pólvora no Egito e não faz um dia que você está aqui!

Depois dos risos, perguntei se poderíamos ir para o Cairo.

Mais uma surpresa:

- Arrume as malas. Já comprei as passagens. Sairemos às 11h.

Eu só tomei meu café no aeroporto de Israel. À medida que o tempo passava, mais mortos eram contabilizados. Às 9h, pouco mais de cem. Às 10h30, pouco antes de embarcarmos, mais de 200.

Dois anos depois da cobertura na Líbia, eu desembarcava novamente no aeroporto do Cairo. Desta vez, porém, para ficar no Egito. Eu estava acompanhado de Bercito e de Davi Alandete, correspondente do jornal espanhol *El Pais* no Oriente Médio.

Pensei em comprar um chip de celular para facilitar nossa comunicação. Afinal, eu sabia tudo sobre as lojas de celulares no Cairo - graças ao agente da alfândega que achava que no Brasil os aparelhos eram muito pesados e atrasados. Mas meus dois colegas estavam com pressa.

No início da tarde, já estávamos dando entrada no Hotel InterContinental, às margens do rio Nilo. Mal deixamos as malas no quarto, seguimos direto para a mesquita Imam, na periferia. Nós tínhamos ouvido no rádio do táxi que centenas de vítimas estavam sendo veladas naquele templo muçulmano.

No caminho, ruas desertas eram o prenúncio de que muito mais terror ainda estaria por vir.

Uma multidão cercava a avenida de acesso à mesquita, por isso, decidimos seguir o restante do caminho a pé. Logo topamos com um cortejo fúnebre: homens, chorando e gritando, carregavam uma das vítimas em uma espécie de maca de pano, envolta em um lençol branco.

Não havia outros jornalistas por perto. Conti o meu reflexo de levar a câmera fotográfica até os olhos para clicar. Eu precisava de um consentimento, mesmo que visual. Comecei a caminhar de ré, em frente ao cortejo e, quando um dos homens, o mais emocionado, me olhou, eu levantei a câmera, sinalizando.

Funcionou. O egípcio assentiu e eu comecei a fazer fotos.

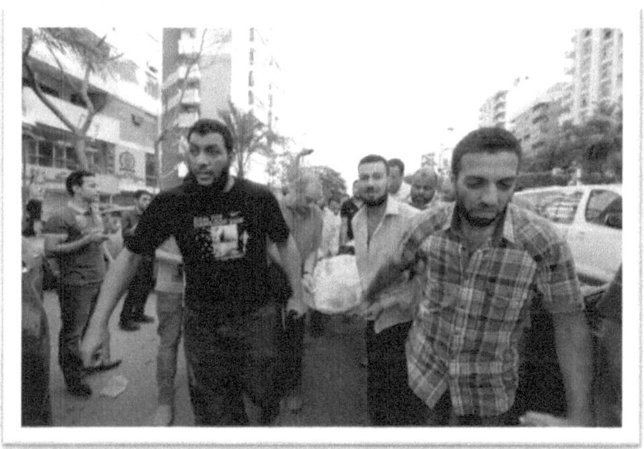

Egípcios carregam corpo de parente em avenida do Cairo

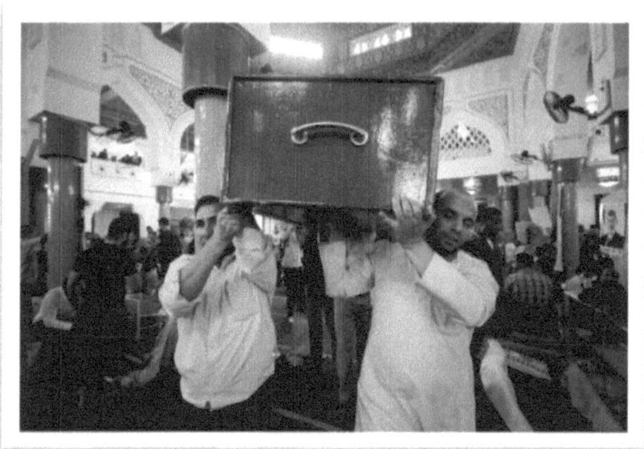

Vítimas do massacre são carregadas dentro da mesquita

Não demorou muito para eu sentir um puxão. Era Bercito.

- Vamos para a mesquita, Joel, conseguimos autorização para entrar.

Corremos ziguezagueando pela multidão até alcançarmos os grandes portais da mesquita.

Um cheiro insuportável de sangue emanava daquele local sagrado.

***

Enquanto tirávamos nossos calçados, prática exigida para entrar nos templos religiosos muçulmanos, as narinas insistiam em captar aquele odor pútrido de decomposição que vinha de dentro da mesquita. O cheiro dos mortos era tão forte que era capaz de abafar os gritos de dor dos vivos.

Nem as borrifadas de perfume no ar, os ventiladores girando em velocidade máxima e os sacos de gelo colocados sobre os corpos eram capazes de vencer aquela invisível névoa nauseante.

Para escapar daquele asfixiamento, tentei me concentrar em outro sentido: a visão. Mas isso só acabou me fornecendo a real dimensão da carnificina: corria lentamente pelo tapete da mesquita - e, acredite, estou sendo literal ao descrever isso – um pequeno rio de sangue misturado a gelo derretido.

O vaivém de cadáveres sendo carregados, para dentro e para fora do templo, formava um balé macabro. Homens e mulheres de braços erguidos criavam uma onda desconexa de membros, sustentando pacotes de carne que subiam e desciam sobre suas cabeças. Tudo ao som de uma sinfonia de gritos inconformados, que ecoavam pelas paredes da mesquita e voltavam para os meus tímpanos como um punhal, rasgando minha alma.

E os olhos daquelas pessoas...

Os olhos dos vivos estavam fixos, fundos, negros, como se implorassem silenciosamente por uma resposta a uma situação inexplicável. E os olhos dos mortos estavam abertos, brilhantes, como se tivessem registrado a última fotografia de suas vidas.

Nesse momento, outro sentido, o tato, me alertava de que minhas meias estavam encharcadas de sangue. Olhei para meus pés e decidi que era hora de começar a registrar aquelas cenas.

Um grupo à minha frente percebeu que eu estava com a câmera. Uma mulher idosa, manto negro escondendo os cabelos, rosto enrugado, olhou-me nos olhos e, com a certeza de uma mãe, retirou o tecido branco manchado de sangue que cobria a cabeça de um jovem morto.

Ao desvelar o corpo do filho, revelava a realidade.

Um a um, panos começaram a ser retirados das cabeças dos mortos ao meu redor.

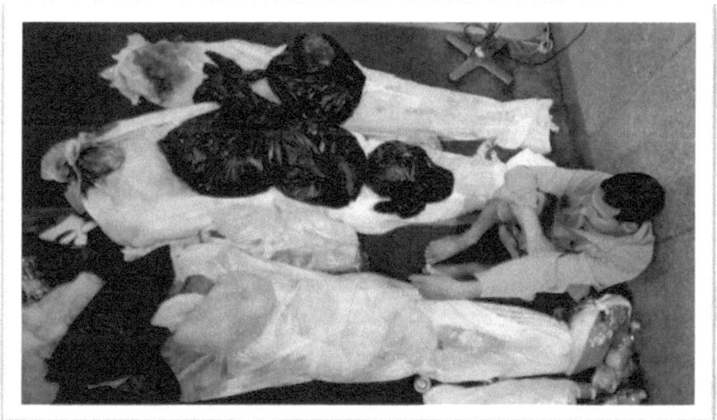

Parente desolado ao lado de vítimas do massacre; corpos são cobertos com sacos de gelo

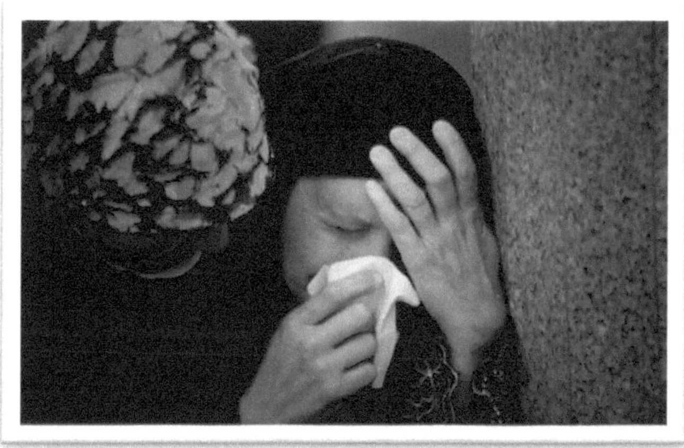

Mulher chora morte de filhos e do marido dentro da mesquita Imam, na periferia do Cairo.

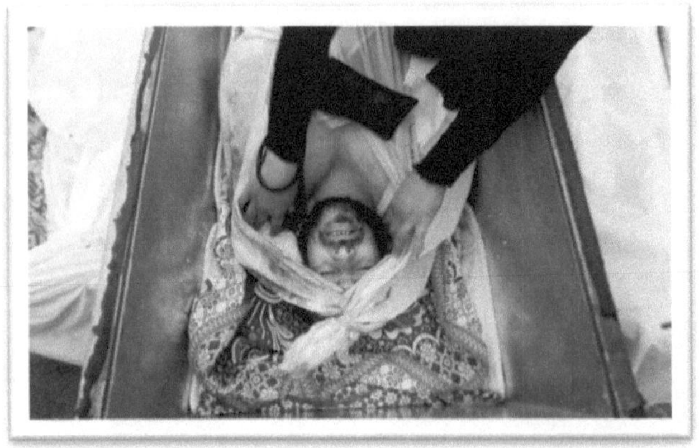

Mulher desvela corpo de vítima do massacre no Cairo

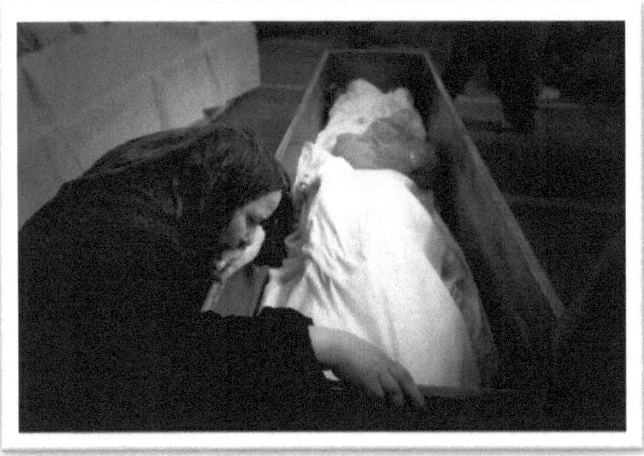

Egípcia vela o filho em caixão de madeira, na mesquita Imam

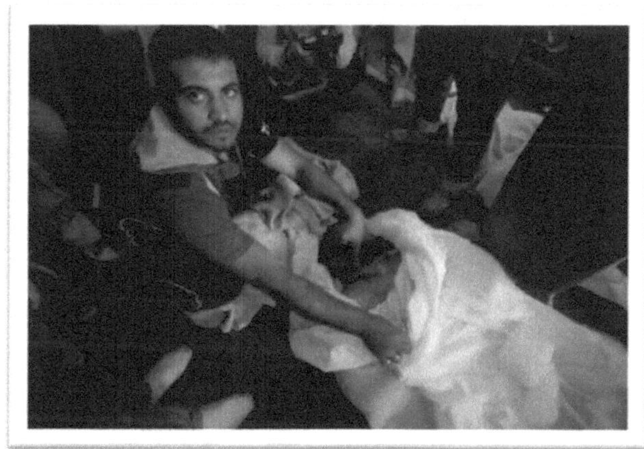

Parentes descobrem corpo de vítima do massacre para mostrar marcas de tiros

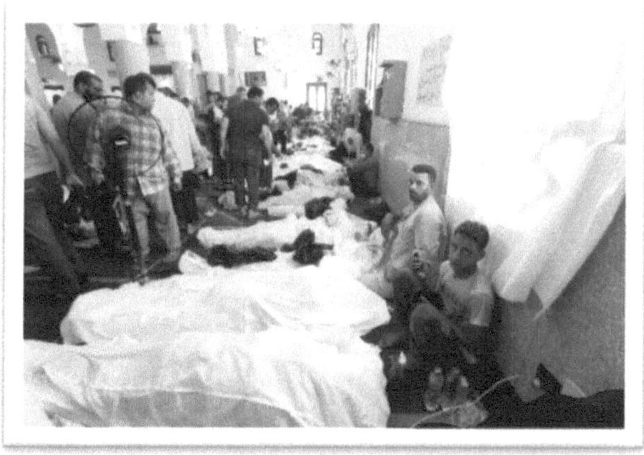

Vitimas do massacre são veladas no chão da mesquita

Todas aquelas faces alvas tinham, sem exceção, uma coisa em comum.

Marcas de balas. Tiros na cabeça.

A realidade é que tinha ocorrido uma execução em massa.

***

Depois de várias fotografias, encontrei Bercito no labirinto de corpos.

- Bercito, você percebeu o mesmo que eu?

- Os tiros na cabeça?

- Sim. Muitos estão com ferimentos na cabeça. Sinal de execução. Não acha?

Bercito apenas balançou a cabeça concordando, enquanto seus olhos percorriam os corpos no chão. Após terminarmos, deixamos aquele local impregnado de morte e pudemos respirar um pouco do ar puro do fim da tarde.

Depositei minhas meias encharcadas de água e sangue em uma lixeira e calcei as botas. Os cortejos com os corpos erguidos acima das cabeças seguiam em fila na avenida. Eu, Bercito e Alandete embarcamos em um táxi para voltar ao hotel. No caminho, Bercito perguntou:

- Vocês ainda estão sentindo o cheiro de sangue?

Alandete ficou quieto, observando o caminho deserto.

- Isso é normal, logo passa - eu disse.

À noite, Bercito me procurou no quarto. Parado à porta, passou a pauta do dia seguinte.

- Amanhã vai acontecer um outro protesto, na praça Ramsés, perto daqui. Estão chamando de Dia de Fúria. Os riscos de outro massacre são grandes. O exército vai tentar impedir.

Fiquei preocupado. Ele percebeu.

- Melhor ir com colete e capacete. Temos que ficar muito atentos.

- Às 7h estarei no café - falei, secamente.

Quando meu colega fechou a porta, corri para o computador e abri o mapa do Cairo. Queria me familiarizar com a região e avaliar possíveis lugares para abrigo, caso a situação fugisse do controle.

Nesse momento, fixei meus olhos no colete balístico e no capacete, que repousavam sobre a cama do quarto com a palavra *press* em letras garrafais. Naquele momento, aquela palavra não significava apenas "imprensa" para mim. Mas também "pressão".

***

O dia 16 de outubro de 2013 marcou para sempre a história do Egito. E também me deixou uma marca que eu nunca iria me esquecer.

De manhã, depois do café, encontrei-me com Bercito e Alandete já na porta do hotel. Eles conversavam com o motorista e guia contratado por nós, de nome Malak.

O sorridente motorista esticou a mão e se apresentou:

- Malak, *nice to meet you.*

Para criar uma atmosfera íntima, fiz uma brincadeira em inglês com ele: - Bom dia, Malak. Quer dizer que você vai ser nosso anjo da guarda?

 Malak e Bercito riram. Meu colega me perguntou em português:

- Joel, você sabe o que significa *malak* em árabe?

- Não, o que?

- Anjo!

- Deve ter saído caro, então!

Colocamos nossos equipamentos no porta-malas do carro e seguimos até a praça Ramsés, a 15 minutos do hotel. Desta vez, Cairo estava agitada, com ruas movimentadas. Moradores apressados aproveitavam para fazer compras, em uma brecha do toque de recolher imposto pelo governo militar.

A praça Ramsés já estava tomada por centenas de manifestantes da Irmandade Muçulmana quando chegamos. Eles se aglomeravam ao lado de uma mesquita. Olhei ao redor e não gostei do que vi. "Queria que estas ruas estivessem vazias", pensei.

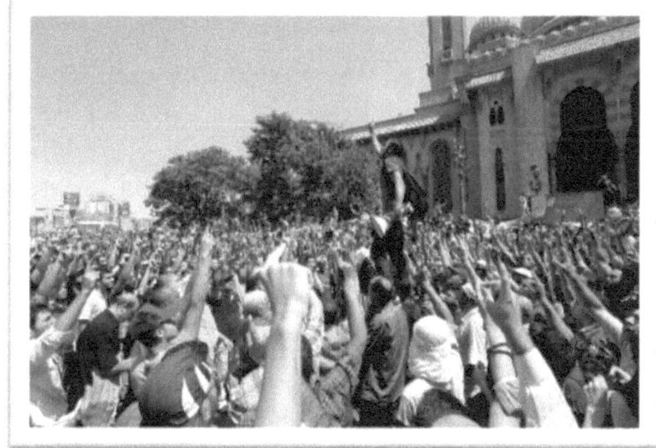

Egípcios da Irmandade Muçulmana levantam as mãos durante o Dia de Fúria no Cairo

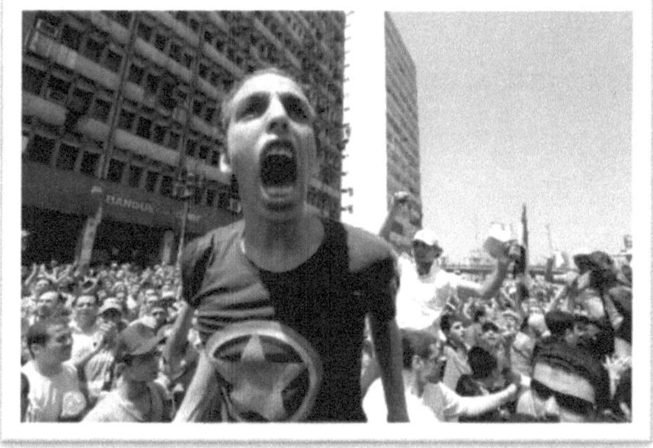

Partidário do presidente destituído Mohamed Mursi dá grito de guerra em praça

Em um viaduto próximo, blindados militares estavam posicionados estrategicamente, como águias sobre um galho. Suas duas janelas frontais eram como dois olhos de ferro, observando pacientemente os ratos abaixo. Um predador atento para atacar ao primeiro grito de liberdade.

O exército aguardava o término da oração do meio-dia, quando aquele grupo, partidário do presidente deposto, iria marchar pelas ruas em protesto contra a tomada do poder pelos militares.

Alguns jovens se aproximaram de mim e, ao verem a palavra *press* no colete, começaram a apontar para o alto dos prédios. Eles faziam, com os dedos, um sinal mundialmente conhecido: o dedo indicador esticado, o polegar mexendo - como um revólver atirando.

"Atiradores de elite", pensei.

O forte sol do meio-dia atrapalhava minha visão para o alto. Usei a mão como se fosse uma aba de boné, mas mal puder ver os pequenos pontos negros se mexendo nos prédios quando ouvi um grito no meio da multidão:

- Mursi!

E outro:

- Liberdade!

A marcha iria começar.

***

As palavras de ordem eclodiam da multidão, mais e mais altas. Jovens começaram a subir uns nos ombros dos outros e, como gigantes, gritavam o nome do presidente deposto.

Eu suava. Suava quente devido ao calor do Cairo. E também suava frio devido ao medo de um tiro ou uma bomba me atingir. Sentia os pequenos rios salgados percorrerem meu corpo debaixo daquele pesado colete.

Meus olhos percorriam o viaduto, repleto de blindados, e os topos dos prédios, repleto de atiradores de elite. Por segurança, passei a acompanhar a movimentação pela calçada, protegido pelas marquises dos edifícios.

Neste momento, eu e Bercito já havíamos nos separado. Os trabalhos do repórter de texto e do repórter fotográfico em uma manifestação de rua são bem diferentes, mas se complementam. Repórteres buscam captar um cenário mais geral do ato – o todo ajudando a explicar as partes. Os fotógrafos tentam flagrar cenas específicas - as partes ajudando a explicar o todo.

Ambos, porém, correm perigo porque manifestações sempre são imprevisíveis. Um estalo de conflito pode acontecer a qualquer momento, por qualquer motivo.

A marcha começou calma, assim como começaram todas as manifestações sangrentas da história mundial. Mas logo helicópteros do exército deram rasantes sobre os manifestantes. O barulho das paletas girando era assustador.

As máquinas voadoras levaram a uma decisão dos líderes da manifestação: mudar a rota inicialmente prevista. A multidão virou à esquerda e começou a seguir para debaixo de um viaduto, bem ao lado de uma delegacia. O campo de batalha daquela guerra já estava definido: o viaduto era o refúgio dos manifestantes e da imprensa para um eventual ataque dos soldados de dentro dos helicópteros.

O que a Irmandade Muçulmana não esperava era que havia uma barreira de policiais logo em frente à delegacia. Naquele momento, já não daria para voltar. Os manifestantes estavam caminhando para uma armadilha: à frente, a coluna de policiais; atrás, helicópteros, blindados e atiradores de elite.

E o estopim da batalha foi uma pedra. Uma única pedra lançada por um manifestante da Irmandade Muçulmana contra a barreira policial.

O revide não foram pedras. Foram bombas e tiros.

***

Bombas começaram a explodir aos pés dos jovens enfurecidos. Não demorou para uma densa fumaça branca envolver a multidão: era gás pimenta. Já não se via mais nada. As explosões das bombas, o barulho dos helicópteros e os gritos incessantes de "Mursi!" não deixavam mais dúvidas de que uma guerra tinha se iniciado.

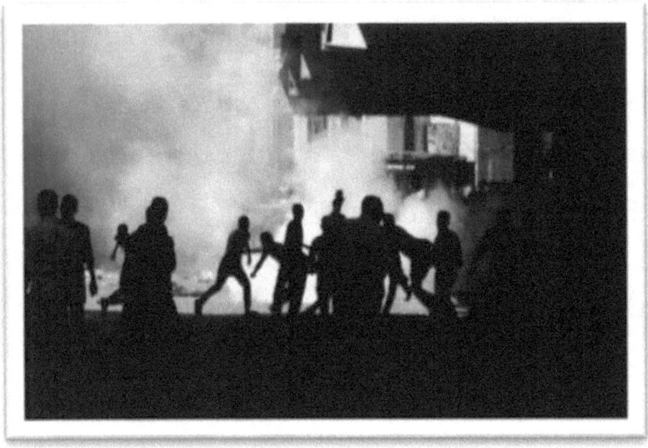

Manifestantes entram em confronto com agentes da polícia e do exército durante protesto

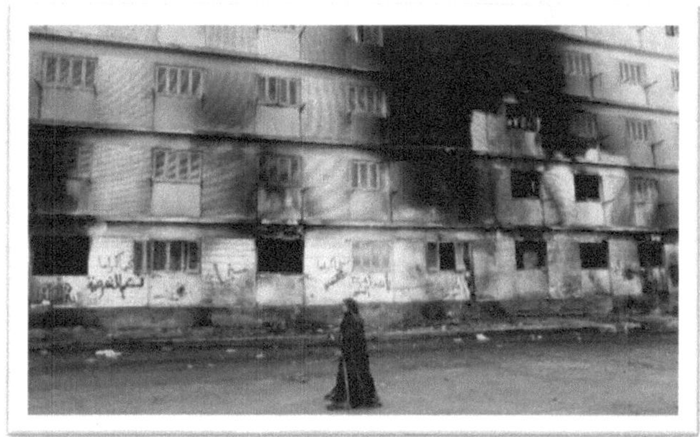

Mulher caminha próximo a prédio queimado no Cairo.

O suor jorrava ainda mais dos meus poros e descia como uma enxurrada no meu rosto, embaçando o visor da câmera. Corri e busquei proteção atrás de um pilar de concreto do viaduto.

O pilar tinha uma base quadrada onde eu poderia subir para ter uma visão ampla da situação. Coloquei minhas duas câmeras na base e dei um salto para escalá-la. De um ângulo superior, pude fotografar com certa facilidade.

Foi nesse momento que sons conhecidos começaram a ecoar pela batalha.

"Meu Deus... Tiros! Tiros de verdade!"

Os disparos pareceram dar força à massa dos enfurecidos: os manifestantes começaram a correr a todo vapor em direção à coluna de policiais.

A correria me levou a decidir que era um bom momento para fazer uma filmagem. Com a mão esquerda, abracei o pilar. Com a direita, pressionei a câmera contra a coluna para que o vídeo não saísse tremido.

O problema é que o capacete estava me atrapalhando demais. O equipamento de proteção vinha quase até os olhos e eu não conseguia olhar direito pelo visor da câmera. A solução foi levantá-lo um pouco, à altura da testa.

Apertei o *play*. A luz vermelha intermitente indicava que a gravação havia começado. Mas alguns segundos depois minha cabeça balançou para trás, fazendo o vídeo tremer.

"Capacete maldito!"

Eu havia sentido um leve tranco na cabeça porque a parte traseira do capacete havia se chocado contra a coluna. Ajeitei o equipamento ainda mais para trás.

Tentei estabilizar a câmera novamente, de novo sem sucesso: senti um puxão na barra da minha calça. Era um assustado egípcio, que buscava proteção logo abaixo dos meus pés, atrás da base do pilar.

O jovem estava segurando um projétil de bala, falando freneticamente alguma coisa para mim.

"Os soldados estão realmente atirando com munição letal!" pensei. Fiz uma bela foto do rapaz expondo, na palma da mão, o pedaço de chumbo, e voltei os olhos para a cena de guerra à frente.

"Agora, sim, esse vídeo sai ou eu não me chamo Jo..."

Outro puxão na calça.

- Já fiz a foto! *No picture*! - eu gritei.

Foi quando percebi que, ainda assustado, ele começou a passar a mão várias vezes no próprio rosto. Fiz o que qualquer um faria: imitei o egípcio.

Limpei o suor da minha face e olhei para a palma da minha mão.

Estava completamente vermelha.

***

A primeira coisa que pensei foi: "Não é suor. É sangue!"

A segunda: "Levei um tiro na cabeça."

A terceira: "Eu vou morrer. A milhares de distância da minha família."

Fiquei estático, olhando para aquele egípcio, meu rosto encharcado de sangue. Eu imaginava que eu já estava morto e que aquilo era um espasmo de tempo entre a vida e a morte.

Dizem que, quando estamos às portas da morte, podemos ver nossa vida claramente. E eu esperava exatamente isso: a clarividência da morte.

Mas a luz forte do clarão das explosões das bombas me trouxe para a realidade da vida. Tateei minha cabeça em busca do ferimento. Foram poucos segundos, nos quais sabia que o resultado da busca iria definir meu destino: iria sangrar até a morte debaixo de um viaduto no Cairo ou teria tempo de buscar ajuda em um hospital?

As pontas dos meus dedos encontraram a fonte do fluxo de sangue. Era um ferimento raso. Talvez um tiro de raspão.

O alívio me ajudou a manter a calma naquela situação perigosa. Despejei minhas duas câmeras nas mãos do espantado egípcio, que havia se agachado para se proteger dos tiros. Dei um pulo para o chão, peguei os equipamentos de volta e comecei a caminhar à procura de um táxi.

Uma repórter da rede de televisão americana *CNN* percebeu que eu estava ferido. Ela tentou me puxar para uma rápida entrevista no meio daquela confusão, mas, como forma de recusa, virei as costas e usei a mão para tapar o rosto.

Uma das primeiras coisas que a gente aprende ao entrar no jornal é que um profissional da imprensa tem que *registrar a notícia* - e não *virar notícia*. Eu iria em breve virar notícia no mundo todo, mas não era isso que me preocupava.

Eu não deixaria, não naquele momento, que a imagem de sangue escorrendo em meu rosto percorresse redes de televisão de todo o mundo.

Não antes que minha família soubesse que eu estava bem.

Corri em direção contrária ao conflito, mas não consegui encontrar sequer um veículo em movimento. Vários quarteirões depois, um motor barulhento de carro velho se sobressaiu ao barulho das explosões e tiros.

Era um táxi _ou, pelo menos, foi um táxi na década de 60. O veículo, velho e enferrujado, havia acabado de virar uma esquina, escapando de dezenas de manifestantes que corriam naquela direção. A única coisa nova naquele calhambeque era justamente a luminária no teto com as quatro letras em inglês, *taxi*.

Eu não tive dúvidas: me joguei bem na frente do veículo para forçá-lo a parar.

O motorista não teve dúvidas: acelerou.

***

Fico imaginando o desespero daquele taxista. Fugindo de tiros, de bombas e de uma turba alucinada, vendo um homem louco, com o rosto ensanguentado, pular à frente do seu veículo. Uma cena crível de apocalipse zumbi.

Mas eu estava mais desesperado. Enquanto o veículo acelerava e tentava desviar para a direita, eu jogava o corpo para a esquerda na direção do atropelamento. O motorista cedeu em uma brecada seca. Parou tão próximo de mim que coloquei as mãos no capô do calhambeque.

Corri para a porta e joguei as duas câmeras no banco traseiro como forma de forçar o motorista, caso ele fosse honesto, a não me deixar ali. Mas tudo o que ele fazia era olhar para o meu rosto ensanguentado.

- *InterContinental Hotel!* - eu gritava, enquanto entrava no carro.

E o taxista continuava ali, imóvel.

- *Go, go, go!*

Nada do egípcio acelerar.

Desta vez, os tiros me salvaram: o barulho dos disparos forçou o motorista a olhar para o retrovisor. Foi quando ele se deu conta de que, se ficasse ali parado, seriam dois os feridos na cabeça dentro daquele carro velho.

- Alô, Bercito! Eu levei um tiro na cabeça!

- O quê?

Bercito havia acabado de chegar ao hotel. Ele também tinha passado por apuros: fora cercado por manifestantes, que o acusaram de ser um espião do governo militar.

- Preciso que você fale em árabe com o motorista! Dê a direção do hotel!

- Joel? Jo... Onde... Sinal...

O sinal do celular estava péssimo. Gritei:

- Estou voltando para o hotel, ok?

Ouvi um "ok" de resposta e desliguei.

Pedi para o motorista ir até as margens do rio Nilo. Sabendo de que lado eu estava, eu conseguiria direcioná-lo melhor até o hotel. Mas logo o veículo foi forçado a parar em um comando do Exército.

Um tenente, fuzil à mão, aproximou-se do carro. Eu coloquei a cabeça para fora e falei:

- Eu preciso ir para meu hotel!

Ele correu os olhos para dentro do carro. Olhou meu equipamento no banco traseiro e, depois, para o meu colete.

- *Press? Journalist?*

- *Suhufiin brazili!*

- *You need hospital*!

Para a minha sorte, ele não exigiu minha autorização de trabalho, obrigatória em países de regime militar, onde normalmente perseguem a imprensa. Eu estava sem o documento.

- *Hotel, please! InterContinental!* – insisti.

O tenente me fitou por alguns segundos. Depois, olhou para o motorista e levantou o braço para um grupo de soldados no carro militar que impedia nossa passagem. Falou algo em árabe para os soldados e, depois, para o motorista.

Foi assim que o meu táxi foi escoltado por militares, por algumas quadras, até o hotel.

O InterContinental estava fechado, com portas blindadas. Tive que entrar pela porta lateral depois de dar US$ 5 ao motorista. Bercito já tinha arrumado um enfermeiro do hotel para fazer meu curativo.

Minutos depois, eu estava no meu quarto, falando por telefone com minha mulher e filhos. Só depois avisei o jornal sobre o que havia acontecido. E enquanto o enfermeiro cuidava do ferimento na minha testa, eu me lembrava do cinegrafista do *Al Jazeera* que havia morrido na Líbia _a foto e o nome dele na televisão ficaram marcados dentro de mim.

Horas depois, ainda naquele 16 de agosto de 2013, a *Folha de S.Paulo* estampava em seu site (e posteriormente, publicaria no jornal impresso) a seguinte notícia, escrita, obviamente, por Bercito: "Repórter fotográfico da *Folha* leva tiro de raspão no Cairo".

O lado negativo: eu tinha virado notícia.

O lado positivo: eu estava vivo para ler aquela notícia.

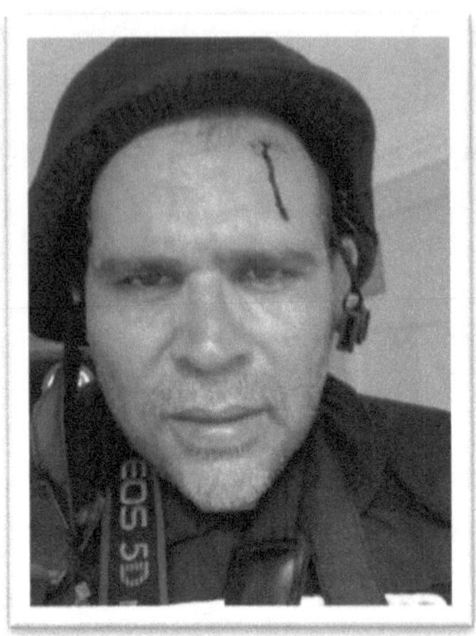

O ferimento do tiro, que atingiu de raspão minha
cabeça e que no dia seguinte, ainda escorria sangue

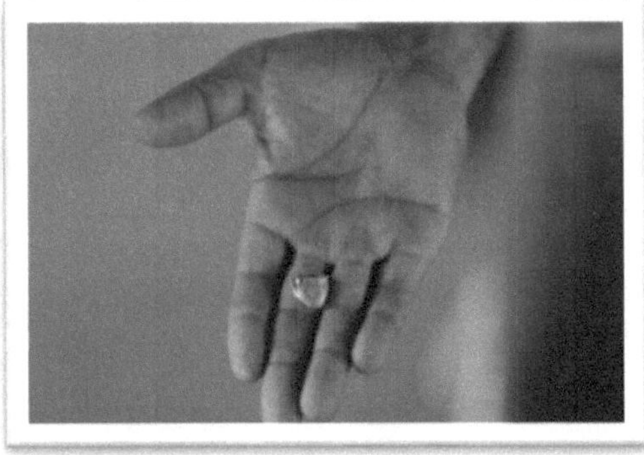

A bala que me atingiu

***

Havia sido outro massacre: 72 manifestantes mortos e mais de 300 feridos, dezenas de veículos queimados, dezenas de mesquitas destruídas. E a minha forte dor de cabeça.

No jornalismo é assim: um dia você está tomando umas com os seus amigos no bar em frente ao jornal; no outro, está levando um tiro na cabeça no meio de um conflito no Cairo.

Por isso, na profissão, a frase "nada como um dia após o outro" é particularmente verdadeira.

No dia seguinte, Malak já nos esperava na frente do prédio quando descemos.

- Malak, liga para meu anjo da guarda agradecendo, porque escapei por pouco! - brinquei.

- *Eu* sou seu anjo, Joel, salvei você mesmo de longe! – retrucou o motorista, gargalhando.

Desta vez, estávamos meio espremidos no carro. Além de mim, Malak, Bercito e Alandete, havíamos contratado um fixer para o dia: Ahmed. Era um jovem agitado, o rosto sem nenhum pelo, para que não fosse confundido com algum integrante da Irmandade Muçulmana.

Ahmed seguia uma tendência entre jovens do Egito: estavam fazendo fila nos barbeiros para rasparem as barbas, temendo perseguição por forças do governo. Em momentos de repressão, nem a tradição resiste ao medo.

E o medo rondava a praça Ramsés novamente. Os olhos de ferro dos blindados militares continuavam observando, de cima dos viadutos, os manifestantes, que começavam a lotar a área pública novamente.

"Mas como?", eu me perguntava. "Como, depois de tantas mortes, os manifestantes voltavam ao mesmo local, para um outro Dia de Fúria?" Foi quando percebi que eu também estava lá. Que eu havia levado um tiro na cabeça e, no dia seguinte, estava lá.

Talvez nossos motivos eram os mesmos. Era o que sabíamos fazer. Era o que era preciso fazer. Estar lá. Naquela praça. Mais um dia. E mais um. E quantos fossem necessários.

Desta vez, os fuzis dos soldados em cima dos tanques apontavam para dentro de uma mesquita, local onde líderes da Irmandade Muçulmana estavam refugiados. Não demorou muito para que começassem os disparos.

As balas cravejavam o templo sagrado e dispersavam os manifestantes. Bercito virou-se para nosso *fixer*.

- Ahmed, precisamos de um local seg... Ahmed?

O *fixer*, que teria a obrigação de garantir a segurança de nossa equipe e nos orientar para uma possível fuga, tinha simplesmente sumido. De repente, vi Ahmed no meio da multidão fazendo fotos da confusão com o seu celular.

Bercito e Alandete correram para debaixo de uma marquise e eu corri para o meio da rua para fazer fotos. Cheguei a gritar para Ahmed, mas ele insistiu em ficar com o celular na mão em vez de nos ajudar.

Assim que a situação se acalmou, reencontrei Bercito.

- Bercito, esse *fixer* vai acabar arrumando confusão para nós!

- Ele deveria estar com a gente, e não fotografando!

Nem sempre temos a sorte de encontrar um *fixer* como Abdulla. Neste caso, acabei achando um "concorrente" na fotografia, que foi rapidamente dispensado.

A situação no Egito não se acalmou nos dias vindouros, que se mostraram ainda mais cruéis. Protestos violentos, mortes, carros queimados, ruas desertas. E, claro, a guerra religiosa. Enquanto mesquitas eram destruídas pelo Exército na capital, igrejas cristãs coptas do interior eram atacadas por muçulmanos, que acusavam os católicos de defenderem o regime militar. Foi por isso que decidimos viajar para o sul do Egito, seguindo as margens do caudaloso Nilo.

Os dias se passaram sem grandes novidades além das cenas de destruição e tristeza daquela país surrado. Até que, dentro de uma igreja copta, o alerta sonoro de celular de Bercito tocou.

Bercito sacou o aparelho. Uma fresta de luz pálida iluminou o rosto do meu colega naquele templo escuro. Sua face transformou-se rapidamente para a de surpresa.

- Quantos fósforos você trouxe do Brasil, Joel?

Mais uma vez, fui pego de surpresa.

- Como?

- O Oriente Médio estava calmo. Horas depois de você chegar, houve um massacre no Egito. E agora, isto.

Bercito mostrou a tela do celular para mim, que alertava para uma notícia urgente.

"Ataque químico do regime de Bashar Al-Assad mata centenas de crianças na Síria, acusa oposição."

***

Teríamos que entrar escondidos na Síria para aquela cobertura.

Se pousássemos na capital, Damasco, e fôssemos identificados como jornalistas, seríamos fatalmente escoltados pelo exército sírio até o hotel, onde ficaríamos confinados até sermos obrigados a deixar o país.

Na medida em que voltávamos para o Cairo, eu e Bercito vislumbramos três possibilidades para cruzar fronteira: pela Turquia, pelo Líbano ou pela Jordânia. Todas elas perigosas.

Mas em nenhum momento titubeamos. Sequer conversamos sobre a possibilidade de não ir ou de esperar. O motivo era claro.

Médicos de organizações humanitárias enviavam imagens de centenas de crianças mortas pelas ruas de três cidades próximas a Damasco. Os vídeos denunciavam a crueldade do ataque. Meninos e meninas que sobreviveram tentavam resistir com espasmos, buscando oxigênio desesperadamente, sendo lavadas em água corrente para que o gás *sarin*, o mais mortal, fosse extraído de seus frágeis corpos.

Aquelas imagens horripilantes me faziam buscar o impossível: a compreensão daquele ato. Quando a guerra expõe o sofrimento daqueles que não conseguem se defender, é como uma faca atravessando o coração e atingindo diretamente a alma.

Esse sentimento, aliado à bravura daqueles que arriscam suas vidas para salvar pequenos seres humanos indefesos, alimenta uma coragem sem igual, que nos faz esquecer as nossas próprias agonias – a nossa própria vida – para expor, de alguma forma, aquela barbárie.

Fizemos a ponte de volta, Egito-Israel. Em Jerusalém, rapidamente trocamos de malas e embarcamos novamente em um avião. O destino: Jordânia.

Os Estados Unidos ameaçavam lançar bombas na periferia de Damasco como forma de coibir os ataques químicos do ditador Bashar Al-Assad. Iríamos até a fronteira Jordânia-Síria, onde havia um dos maiores campos de refugiados sírios, o Zaatari. De lá, poderíamos aguardar o bombardeio e avaliar o melhor momento de entrar na Síria.

Visto de cima, o campo de Zaatari mais parecia um grande acumulado de caixotes cobertos pela areia do deserto. Com os pés na areia, assemelhava-se a uma grande favela horizontal.

Foi uma *fixer* jordaniana que nos ajudou a conseguir autorizações da ONU para entrar e conhecer as vítimas do conflito sírio enquanto a ameaça americana de bombardear alvos do ditador Al-Assad não se confirmasse.

A guerra mata pessoas de diversas formas. Muitas vezes, não é o corpo que apodrece, mas a alma. O conflito parecia tirar o que havia de melhor daqueles refugiados. Furtava-lhes os passados, soterrando-os nos escombros das casas bombardeadas. Roubava-lhes as biografias, enterradas junto a covas rasas de homens, dos imberbes aos senis, que empunharam fuzis para morrer pela liberdade. Subtraía-lhes a esperança, moribundos que agora eram, despejados em um limbo geográfico após serem arrancados de seu país, de suas raízes.

Crianças corriam inocentemente entre as tendas amareladas de poeira do deserto. Como brinquedo, apertavam o obturador da câmera pendurada em um dos meus ombros enquanto eu fotografava com meu outro equipamento.

Elas davam gargalhadas ao verem a foto que produziram em sua brincadeira: parte do meu braço com o acampamento ao fundo.

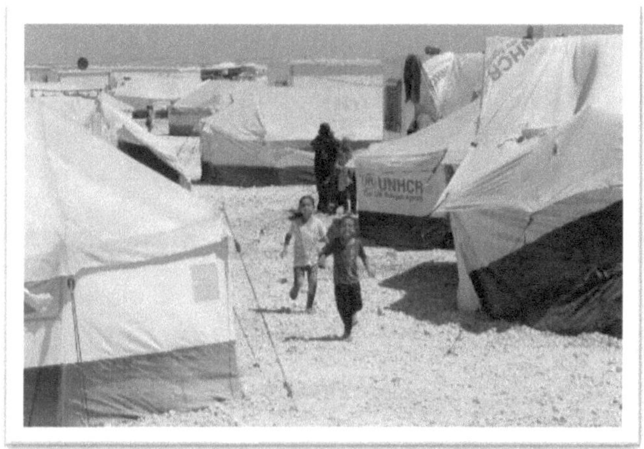

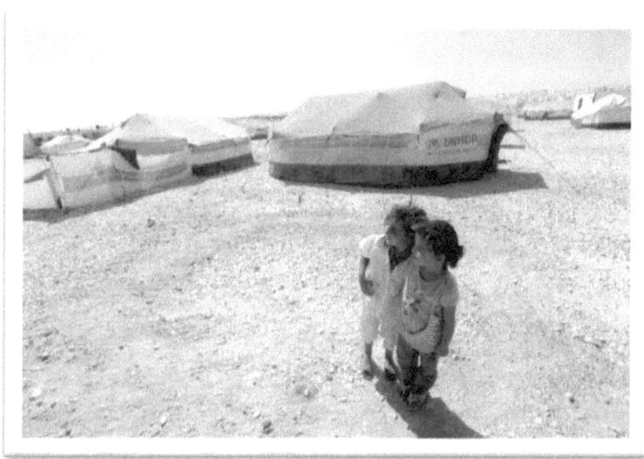

Crianças correm em meio a barracas da ONU no campo de Zaatari, na Jordânia, perto da fronteira com a Síria

Olhos atentos observavam toda a movimentação. As mães daquelas crianças, em suas casas improvisadas de tecido, não deixavam escapar o sorriso. Nem a breve felicidade de seus filhos lhes amenizava a angústia de não saber se os maridos, se os primogênitos, se os pais estavam vivos.

Esperamos. Não mais do que aqueles refugiados. Não mais do que o povo sírio: Bashar Al-Assad é o ditador da Síria de 2000 até os dias atuais; sucedeu o pai, que já havia ficado 30 anos no poder, até a morte.

E o ataque americano nunca veio: os Estados Unidos decidiram não entrar naquele país.

Nós também.

A Primavera Árabe havia encontrado a sua maior muralha: a Síria.

***

O gosto de não conseguir entrar na Síria para a cobertura jornalística era amargo, por isso, o voo de volta a Jerusalém quase não teve diálogos.

Estávamos cansados e chateados. O trabalho jornalístico é ir atrás da notícia, e não estar de costas para ela, como estávamos fazendo. Claro que sabíamos que não teríamos como entrar na Síria sem colocar a nossa segurança em risco, mas, ainda assim, a sensação era horrível.

O barulho do motor do avião foi quebrado pela voz de Bercito, que me arrancou de meus pensamentos tristes.

- Ainda tem mais fósforos aí, Joel?

Desta vez, entendi a pergunta. Dei um sorriso. Sabia que alguma coisa havia acontecido. Bercito mostrou novamente a tela do celular: "Hamas lança foguetes em território israelense".

A tentativa de paz entre palestinos e judeus havia sido abalada.

- Os fósforos não são para acender o pavio, Bercito. Quando falta luz e você precisa descer em um porão escuro, você risca um fósforo. Agora vamos iluminar os porões de Israel um pouquinho.

* * *

Foi somente na manhã seguinte que, depois de uma série de interrupções, finalmente pude ligar a chaleira elétrica novamente, ferver a água e apreciar o *meu* café na minha nova casa em Jerusalém.

Enquanto apreciava com calma o sabor daquele líquido quente e aromático, lembrei que teria ainda mais de dois meses de cobertura jornalística pela frente.

Nesse raro momento de calma, não pude deixar de refletir...

O Oriente Médio nunca descansa de suas lutas.

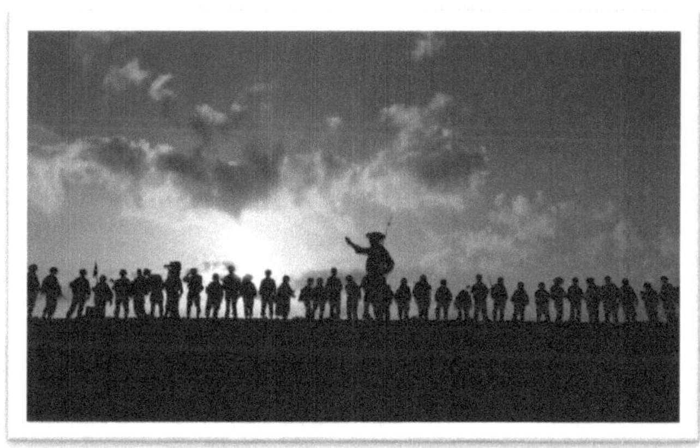

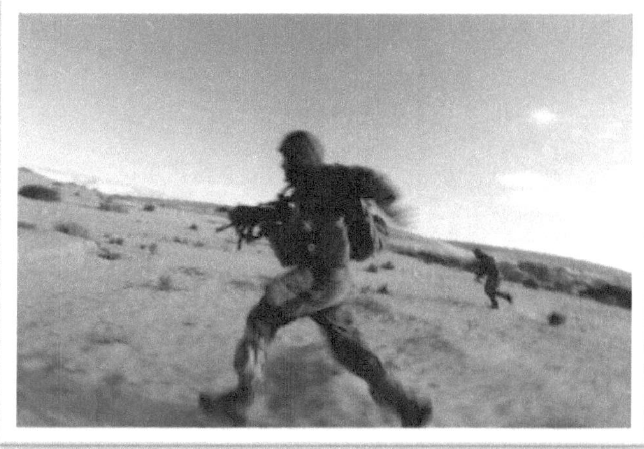

Soldados do exército israelense durante operação no deserto do Sinai, na fronteira entre Gaza e Egito

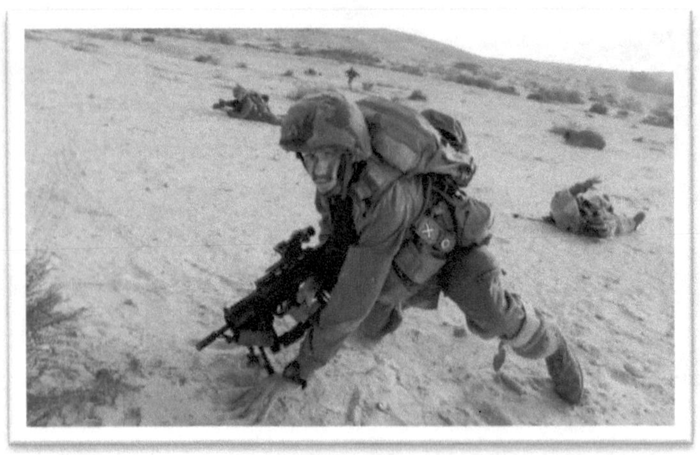

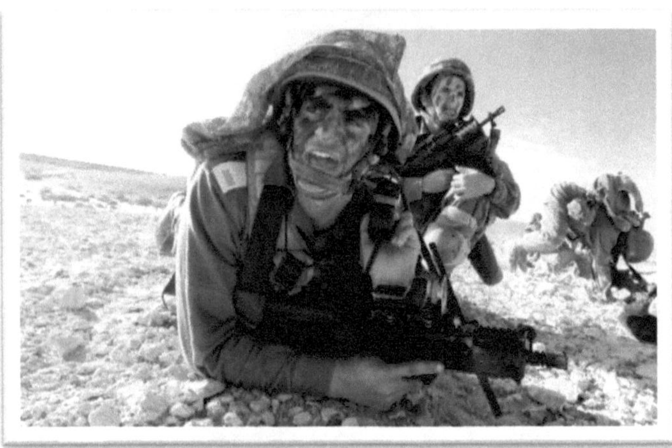

Soldados do exército israelense durante operação no deserto do Sinai, na fronteira entre Gaza e Egito

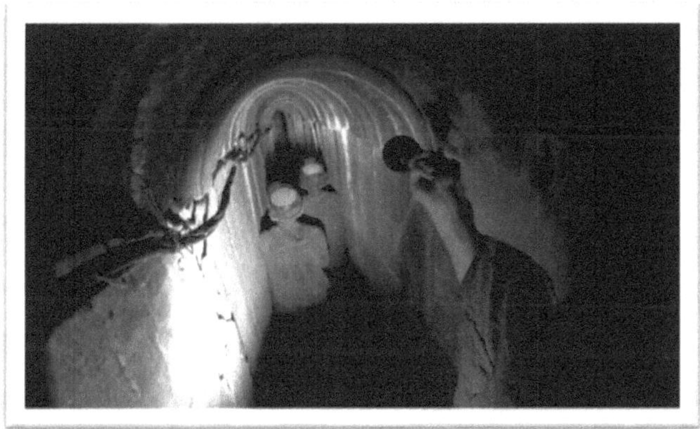

Militares descobrem túnel utilizado pelo Hamas para lançar mísseis contra o território israelense

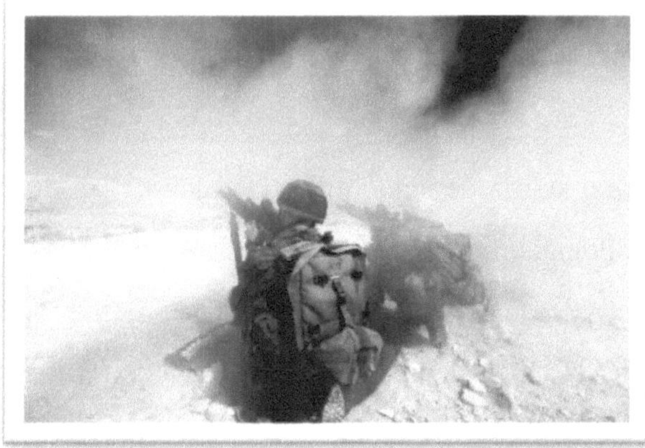

Soldados do exército israelense durante operação no deserto do Sinai, na fronteira entre Gaza e Egito

África, o porão do mundo

Se dividíssemos o planeta em dois, fatalmente a África ficaria na área mais escura.

No verão de 2017, desembarquei no continente africano pela terceira vez – eu já havia passado, antes, por Angola, Congo e Uganda. Desta vez, o trabalho era diferente: eu estava a serviço de uma produtora.

Meu objetivo era captar imagens dos conflitos que atingiam o mais recente e mais pobre país africano, o Sudão do Sul, que em 2011 conseguira sua independência do Sudão. Os diversos grupos étnicos do país, liderados pela tribo *dinka*, de um lado, e pela tribo *shilluk*, do outro, se enfrentavam diariamente. Mais de 600 mil pessoas já haviam fugido de suas casas com medo da guerra civil _a terceira ocorrida naquela região em menos de 50 anos.

Por meio de um amigo jornalista, consegui o contato de um angolano, de nome Zola, que me serviria de motorista para cruzar o país. Eu queria chegar a Malakal, ao nordeste do país, quase na fronteira com o Sudão. Lá havia um dos principais campos de refugiados do Sudão do Sul.

Depois de uma longa viagem, de 36 horas, cortando o continente africano, o monomotor finalmente pousou em Juba, capital do Sudão do Sul. No aeroporto, um homem sorridente segurava um cartaz com meu nome. Era Zola, um angolano que se orgulhava de dizer que sabia falar quase todas os dialetos africanos.

Zola era um homem simples. A humildade se mostrava nos gestos das mãos, sempre juntas, como que se rezasse. Seu corpo era miúdo, calças acima do tamanho, presas a um velho cinto - bem maior que sua fina cintura. A camisa aberta na tentativa de espantar o calor daquela manhã também expunha suas costelas, agarradas à pele.

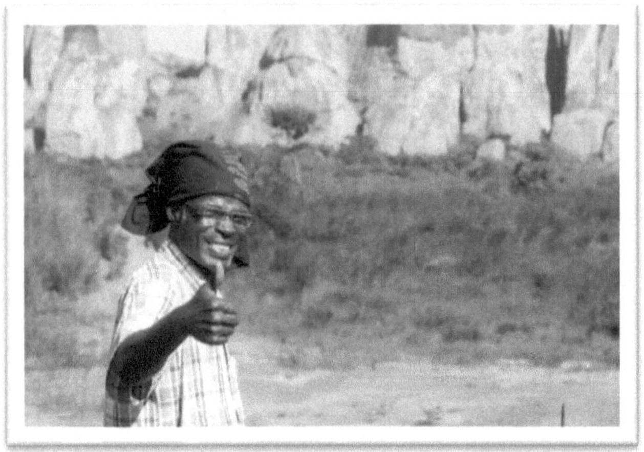

O sorridente Zola, motorista, guia e poliglota*

*Com exceção desta foto de Zola, todo o material produzido neste trabalho é de uso exclusivo da produtora, sem autorização de publicação

Zola esticou a mão esquerda para pegar minha mochila. Com a direita, me cumprimentou com seu português angolano.

- Senhor Joel, este não é meu país, mas lhe dou as boas-vindas!

Olhei para o jipe, provavelmente desconfortável, onde eu teria de encarar mais 23 horas de viagem. Enquanto colocava minhas câmeras no banco traseiro do carro, eu respondi:

- Obrigado, Zola. Mas pode me chamar de Joel, tudo bem?

- Senhor Joel, o senhor vai precisar tirar fotos no caminho?

- Não sei, Zola. Por quê?- Não aconselho deixar suas câmeras no banco traseiro. Deixe-as aos seus pés ou no porta-malas do jipe, por favor? Aqui é a África, senhor Joel, nada aqui é seguro!

Disse isso retirando o largo sorriso do rosto. A experiência havia me ensinado que conselhos de motoristas e *fixers* não deveriam ser desprezados, então, deixei uma das câmeras no chão do lado do passageiro, para eventuais imagens durante o caminho, e guardei a outra na mochila, deixada no porta-malas do velho jipe de Zola.

Quando já estávamos sentados no banco, Zola, antes de dar partida no jipe, perguntou:

- Senhor Joel, o senhor sabe o que significa *zola*?

Eu amenizei minha cara amarrada de cansaço e dei um sorriso para tentar me igualar com a simpatia do motorista. Então, respondi o que ele queria.

- Não sei. O que significa?

- Tranquilo.

- Seus pais devem ter acertado, então, Zola, pois você me parece ser uma pessoa calma!

- Mas meu apelido é Taú. Sabe o que significa?

- Não, o que?

- Bravo como um leão!

Confesso que Zola me resgatou do cansaço da viagem me animando com aquela conversa enquanto tomávamos uma pequena estrada em direção ao norte do país. Seguiríamos por quase um dia por estradas perigosas, em regiões dominadas por grupos armados naquele país dividido, mergulhado em conflitos internos.

- Zola, como você prefere ser chamado? De 'calmo' ou de 'bravo como um leão'?

- Joel, pode me chamar de Taú. Gosto de ser calmo, mas Taú impõe medo. E aqui, na África, quem tem medo atrai a morte.

Fiquei feliz de ele ter me chamado, finalmente, de "Joel', em vez de "senhor Joel".

Mas achei estranho ele falar sobre medo e morte.

Em breve eu descobriria o porquê.

***

Taú começou a contar a história da sua vida. Saiu de Angola para trabalhar em uma empreiteira e, com isso, teve contato com sudaneses dos dois lados do conflito. Foi aí que aprendeu várias línguas e dialetos.

Havia deixado a mulher e os dois filhos na terra natal. A cada seis meses cruzava o continente para ver a família.

A conversa se prolongou por horas, em estradas de terra esburacadas e irregulares, até que Taú calou-se repentinamente. Segundos depois, ele parou o jipe e começou a olhar fixamente para a frente. Logo ele colocou a mão calmamente no câmbio e engatou a ré, com o pé na embreagem, sem acelerar. E sem tirar os olhos da estrada.

O que é que ele tinha visto?

Por um tempo o silêncio tomou conta do veículo. Taú abaixou o vidro de seu lado e colocou a cabeça para fora. Ficou alguns segundos tentando captar algum som.

- Joel, fiquei no carro. Não saia, por favor!

-O que houve, Taú?

- Fique tranquilo, já volto.

Ele desceu, seguiu alguns metros à frente e entrou na mata, às margens da estrada.

Eu fiquei ali dentro, exatamente como ele me ordenou.

Sozinho, no meio de um país desconhecido.

O silêncio foi tão aterrador que nem um pássaro piava naquela mata.

Não demorou até que Taú voltasse em passos acelerados. Seu rosto indicava que algo estava errado.

- Joel, desça! Desça, rápido!

***

Peguei minha câmera e saí do carro rapidamente.

- O que aconteceu, Taú?

- Atacaram uma vila a alguns quilômetros daqui. Uma mulher conseguiu fugir. Ela está em uma aldeia aqui dentro da mata. Vamos lá!

Adentrei na mata atabalhoadamente, com o coração acelerado, atrás de Taú. Enquanto as folhas serradas riscavam meus braços, eu pensava o quanto aquele motorista havia valido cada centavo de dólar que eu pagara. Além de poliglota, tinha ouvidos treinados para os gritos dos sofridos.

Acessamos uma pequena trilha e logo chegamos a uma pequena aldeia, com casas redondas de barro, cobertas de palha. Ao me verem, homens começaram a me cercar. Eles gritavam. Uns, com as mãos na cabeça. Outros me puxavam pelo braço.

Eu não sabia o que estava acontecendo e me assustei. Olhei para Taú para saber se corria algum risco. Ele entendeu o meu olhar e me acalmou.

- Não se assuste, Joel. Eles estão agitados e querem apenas mostrar a situação da mulher. Foram eles que a resgataram na estrada.

Os homens me levaram até uma das cabanas de barro, onde uma idosa deitada no chão, quase desfalecida, tentava segurar um bebê entre seu colo e o piso de terra. Seus olhos, fixados num tempo passado, pareciam presos às cenas de horror vividas algumas horas antes. A respiração daquela mulher, ofegante, fazia com que a pequena criança praticamente saltasse para cima e para baixo. Sua pele negra, rajada de branco pela poeira, era marcada por um fio de lágrima que escorria em sua face. O lenço branco, preso à cabeça, estava manchado de sangue.

Taú começou a conversar com os homens e a traduzir tudo para mim.

- Suas duas filhas foram estupradas e, em seguida, mortas. Bem à frente de seus olhos. Dois netos, de 10 e 11 anos, foram levados para serem aliciados para a guerra. O bebê é o outro neto dela. Ela conseguiu salvá-lo.

- Como assim, Taú? Crianças foram levadas para treinamento?

- Dizem que um guerreiro africano é feito de coração duro. E o sofrimento é a melhor forma de endurecer o coração. As crianças são mais fáceis de doutrinar para serem obedientes ao líder. Elas não serão mais crianças daqui a um tempo.

Aquela mulher sabia que seus netos jamais voltariam.

E ela só havia conseguido escapar do ataque porque se deitara sobre o sangue de suas filhas, fingindo-se de morta para confundir seus algozes.

Deixei o silêncio tomar conta daqueles minutos, tentando entender aquela guerra. Que mata seu próprio povo. Que sequestra suas crianças e as transforma em assassinos.

Taú agachou-se ao lado daquela senhora e tentou pegar o bebê, que praticamente escorria de seus braços até o chão. Ela relutou. Mas mal conseguia expurgar as lágrimas de sofrimento pelo seu rosto.

O meu novo amigo abraçou a criança e perguntou alguma coisa em outra língua para a idosa.

- Etana – respondeu a mulher deitada no chão.

- Não se preocupe, Etana, agora você e seu neto estão bem - disse Taú, em português, ninando aquela criança.

***

Taú tinha habilidade em demonstrar segurança. Enrolou a criança em um pedaço de pano, deu água para aquela senhora e olhou para mim, como se aguardasse alguma pergunta.

Eu não queria perguntar nada naquele momento, pois já sabia o que tinha que ser feito.

- Precisamos levar Etana e o bebê para um hospital. Peça para os homens ajudá-las. Eu vi no mapa que estamos perto de Wau, uma cidade grande que está na nossa rota. É para lá que vamos.

Taú falou algo para Etana, que me olhou profundamente, como se agradecesse. Com a ajuda daqueles homens, ela se levantou e foi levada até a estrada, onde estava nosso jipe.

Quando o jipe partiu, Taú se limitou a colocar as mãos na direção e a olhar fixamente na estrada, demonstrando receio de que, a qualquer momento, poderíamos ter alguma surpresa desagradável no caminho.

Eu fiquei no banco da frente tentando traduzir aquilo tudo. Etana continuava com seu lenço sujo de sangue na cabeça, segurando o neto com aqueles olhos perdidos para fora do carro.

Muitas vezes o silêncio é o maior diálogo. Era possível entender toda tragédia pelo silêncio daquela mulher. Os conflitos do Sudão do Sul estavam resumidos bem ali, no banco traseiro do jipe de Taú. Mulheres violentadas e mortas, crianças aliciadas para a guerra e grupos armados se enfrentando nas entranhas da África.

Na cidade de Wau, o jipe estacionou em frente a um precário hospital. Peguei a criança em meus braços enquanto Taú corria em volta do carro para ajudar Etana no desembarque. Entramos. Uma enfermeira veio nos atender.

Taú tratou de expor a tragédia para a enfermeira, que logo acomodou a idosa em uma cama. Eu entreguei o bebê para outra enfermeira. Antes de sairmos, corri meus olhos para o leito de Etana, para me certificar de que ela estava bem.

A mulher, mais calma, levantou lentamente braço me oferecendo a mão em sinal de gratidão. Eu apertei sua mão enrugada do sofrimento.

Era como se eu tivesse apertado a mão de Deus.

***

No dia seguinte, após passarmos a noite em uma hospedaria de Wau, partimos novamente para a estrada.

O clima no velho jipe não era o mesmo do começo da viagem. Taú não estava mais tão animado. Estava atento à estrada, apreensivo. Parecia prever alguma tragédia. Talvez até ele, acostumado com a violência daquele país, tinha sentido na alma as dores daquela senhora.

Foi assim, pensando no destino daquela idosa e de seu neto, pensando no destino do Sudão do Sul, que chegamos a Malakal.

Em um campo de refugiados, todas as histórias acabam se mesclando em um só relato. Vítimas da inexplicável batalha entre semelhantes amontoam-se em barracas esfarrapadas, à espera de que alguém escute os apelos dos discriminados. A fome se mistura à dor da perda: corpos esqueléticos, sem destino, caminham entre as barracas do acampamento, envoltos em panos velhos, como única defesa contra o vento frio da noite.

Malakal é o espelho da África. É a escuridão do mundo. Ali, a luz dos mais afortunados nunca brilhará.

Foram dois dias tristes retratando aqueles seres humanos tão parecidos e tão diferentes de mim. Não havia clique sem sofrimento. Mesmo o sorriso daquelas pessoas saía triste no *display* da minha câmera.

A volta para a capital, Juba, não foi diferente da segunda parte do caminho de ida. Foram poucas conversas com Taú. Em alguns momentos, ele trazia lembranças de seus filhos em Angola, talvez como forma de aliviar a dor.

E, finalmente, eu falei o que um de nós queria falar.

- Vamos voltar ao hospital para saber se Etana está bem.

Taú olhou para mim e abriu aquele simpático sorriso, o mesmo do aeroporto, na primeira vez em que o vi.

Quando entramos novamente no hospital, eu transpirava ansiedade. Ao entrar no quarto, meus olhos começaram a percorrer o ambiente da esquerda para a direita. O bebê estava deitado em uma cama, coberto com uma tela de proteção contra mosquitos. A cama ao lado estava vazia. Etana estava sentada em uma cadeira do outro lado, próximo à janela.

Com um grande sorriso no rosto.

Taú conversou com ela por um momento. Invejei-o por não saber falar aquela língua. Queria saber se Etana está bem. Finalmente, ele deu o diagnóstico.

- Ela está melhor!

- Pergunte se tem alguma coisa que possamos fazer por ela.

Ao ouvir a pergunta, Etana olhou em minha direção, esticou os braços, pegou minha mão direita e cobriu-a com suas duas mãos. Por alguns segundos, seus olhos percorreram minha alma. Parecia conversar comigo enquanto suas enrugadas mãos afagavam com delicadeza a minha.

Ela não precisava falar nada para agradecer. O afago era a mensagem de que sua dor estava se esvaindo e que sua forte alma sobreviveria àquela tragédia. Ela tinha um motivo mais do que especial: o neto.

Taú e eu entramos no jipe mais aliviados. Quando nos preparávamos para a partida, o motorista fez uma pergunta a mim.

- Joel, sabe o que significa *etana*?

Demorei um tempo imaginando a resposta.

- Mulher sofrida?

- Não, senhor!

E, pouco antes de girar a chave na ignição, Taú revelou a tradução.

- Mulher forte!

***

Ver Etana bem nos tranquilizou. Mas a viagem para Juba não foi tranquila.

Depois de uma curva fechada, nos deparamos com dois jipes carregados de rebeldes apontando seus fuzis AK-47 em nossa direção, cercando a estrada. Taú parou o carro.

- Fique aqui dentro, Joel. Vou lá conversar com eles.

Saiu com as mãos juntas, como que rezando, e começou a conversar com aqueles homens. Eu fiquei imóvel, olhando os rebeldes, fardados, todos com grandes óculos escuros. Alguns cercaram o jipe, curiosos.

Enquanto Taú conversava com os rebeldes, um menino de não mais que 11 anos fixou seus olhos vermelhos de sangue em minha direção. Ele me encarava com ódio nos olhos. Suas pernas ficavam separadas para suportar o peso da arma, que mal conseguia apoiar nos finos braços.

O corpo franzino de uma criança camuflava um guerreiro pronto para a guerra. Na cabeça raspada, três longas cicatrizes corriam por todo o seu crânio. As crianças tinham as cabeças cortadas com facas ou lâminas para sentirem dor. Na visão deturpada daqueles homens, só a dor seria capaz de transformar crianças em verdadeiros guerreiros, sem medo da morte e fiéis aos seus líderes.

Nesse momento, lembrei-me daquela frase de Taú. "Aqui na África, quem tem medo atrai a morte."

Decidi disparar meu olhar de volta e passei a encarar o garoto.
Ele rapidamente olhou para baixo.

Corajoso após ter ganho aquela pequena batalha pessoal, desci
do carro, desobedecendo Taú. Fiz, com as mãos, o sinal
universal de quem quer tirar uma foto. Taú, ao ver a cena, parou
de falar.

O mais "fantasiado" dos rebeldes, com um uniforme camuflado,
boina verde na cabeça e grandes óculos de sol redondos, colocou
o fuzil nos ombros e veio em minha direção. Parou bem perto
de mim e disse algo que não compreendi.

Lodo depois, começou a vistoriar o nosso jipe.

- Ele quer saber se você é repórter, Joel. Escolha bem sua
resposta, meu amigo. Ela pode salvar nossas vidas.

***

Como eu já disse, a experiência em regiões de conflito havia me
ensinado que a câmera, às vezes, pode ser mais poderosa do que

um fuzil. E eu sabia que havia algo mais poderoso do que a coragem de rebeldes ou militares.

Os seus egos.

-Taú, diga que sou um fotógrafo e que gostaria de fotografá-los para mostrar ao mundo a coragem deles!

Taú hesitou. Deve ter pensado "esse louco vai nos matar". Mas confiou em mim. Segundos depois, os homens começaram a se juntar para posar para a foto. Aliviado, fui até o porta-malas e peguei uma das câmeras.

Comecei a apertar o obturador da câmera enquanto aqueles homens faziam poses variadas. Em um dos cliques, captei uma frase escrita na camiseta de um deles.

"Clube dos Direitos da Criança."

Surgiu dentro de mim um sentimento que eu nunca tinha tido antes. Era como se eu tivesse sido arrastado da realidade e entrado em um mundo paralelo e sem sentido. Como? Como aquele homem, que estava ao lado de uma criança segurando um fuzil, tinha a coragem de usar uma camiseta com uma frase daquelas?

Pensei nos netos de Etana, lançados para a guerra precocemente. Seria aquele garoto um deles? Provavelmente, não. Mas em breve eles seriam como aquele menino. Neste exato momento, deveriam estar sendo torturados e tendo as cabeças cortadas com lâminas.

Por um segundo, eu desejei não ter uma câmera na mão.

Eu queria ter um fuzil.

***

- Joel, você é louco!

- Louco é o mundo Taú. Eu apenas vivo nele! Eu disse.

Taú não acreditava que eu tinha tido a coragem de revelar que era fotógrafo, mas percebeu que foi uma ótima solução encontrada para escaparmos vivos daquela situação.

O motorista que conhecia como ninguém o Sudão do Sul finalmente descobriu a minha especialidade: ele poderia saber todos os dialetos dos rebeldes, mas eu entendia o espírito deles.

Na despedida, no aeroporto de Juba, nos abraçamos.

- Taú, acho que seu pai errou no seu nome, viu?

- Por que, Joel?

- Zola... Acho que é calmo demais para você!

Ele fez o seu tradicional gesto: juntou as palmas das mãos como se estivesse rezando. Sorriu e abaixou levemente a cabeça, em sinal de agradecimento. Despediu-se e começou a caminhar de volta para o seu velho jipe.

- Ei, Zola! - eu gritei, fazendo-o se virar - Você sabe o que significa a palavra *joel*?

- Hum... Homem louco?

Ambos demos uma gostosa gargalhada.

- Não! Significa "Filho de Deus".

- Será que Ele nos abandonou aqui na África, meu amigo?

- De jeito nenhum, Zola! Vá com Deus.

- Você também!

Deus definitivamente estava na África: nos olhos de Etana; nos braços dos homens que a salvaram; e no sorriso de Zola.

***

O avião taxiava em direção à pista de terra para decolar, com as barulhentas hélices do bimotor bem ao meu lado. O sol lançava sua luz na pequena janela e eu buscava uma reflexão sobre aquele continente.

Ao tirar os pés daquela terra chamada África, eu deixava os rostos marcados pelas lágrimas que cortavam a face rajada pela poeira e que choravam a morte.

O sangue vermelho misturado à pele negra dos mortos daquela incompreensível luta pela sobrevivência. As batalhas, que vitimavam mais os humildes e os inocentes, empurrados para as mais selvagens mortes – ou para as mais selvagens vidas.

Mulheres violadas, crianças aliciadas para a guerra, reféns de mártires ideológicos.

O sangue espalhado pelos passos gravados dos assassinos de farda só refletia a face da maldade humana, as sangrentas batalhas do cotidiano africano.

Mas ninguém escuta o apelo das discriminadas etnias, que se escondem em mantas esfarrapadas que cobrem os corpos dos imaculados rostos da paz.

A África é a parte mais escura do mundo.

Uma fresta de luz

 A luz do celular lança uma claridade tímida sobre meu quarto escuro, que insiste em cegar meus pensamentos na manhã gelada do inverno de 2018.

Busco coragem para escapar da maciez do sono e atender a ligação. Não a encontro. Deixo o barulho insistir até desistir. O silêncio retorna, assim como a leve confusão do quase-sonho.

Dura pouco.

O maldito aparelho me draga novamente do fundo de meu inconsciente. Abro os olhos e resolvo atender.

- Joel Silva?

- Sim?

- Estou procurando alguém com coragem.

Era uma produtora francesa. Procurava alguém com experiência em zonas de conflito para um trabalho com agências humanitárias. Queria que eu percorresse campos de refugiados na África.

- Podem contar comigo.

Volto a jogar a coberta sobre os ombros e me viro para a parede, para aproveitar mais alguns minutos de sono quente. Mas o sono é como um blindado: se esconde facilmente atrás das areias do pensamento.

Sim, é preciso coragem para colocar os pés em uma zona de guerra, onde os gritos dos imaculados interrompem o seu silêncio interior - mesmo quando você está sozinho.

Coragem para ter a consciência de que o cheiro de sangue ficará impregnado em suas narinas e que os corpos mutilados ficarão gravados em sua memória - até seu último suspiro.

Coragem para lançar os olhos na mais profunda escuridão da humanidade, tateando incontáveis rostos marcados pela dor e pelo desespero – mesmo nas suas noites de sono.

Ao escolher este caminho, não há volta. E não há saída. Não da mesma maneira que se entrou.

Depois de anos conhecendo o lado sombrio do mundo, troco os copos de cerveja pelas canecas de café. Minha alma não levita mais ao som de boa música, ela carrega os gritos angustiados de todos os que um dia passaram pelas lentes da câmera.

Escapar de um bombardeio tornou-se comum nas madrugadas tranquilas da minha casa. Ainda acordo confuso, de pé, no meio de um corredor, demoro a entender que não estou no deserto. Volto para a cama e me deito com assombrações do passado.

É o preço a pagar por quem se aventura a riscar fósforos no porão da sociedade.

A recompensa é a sensação de que, de alguma forma, você está desafiando a morte. Porque uma fotografia é capaz de mudar vidas. De salvar vidas. E de eternizá-las.

No meio do horror da guerra, quando uma câmera abre suas lentes, ela lança uma fresta de luz nesse mundo escondido pelo próprio mundo.

Ainda estou na minha cama, olhando para a parede, vislumbrando a viagem de volta à África, daqui a dois dias, e pensando:

"Hoje eu tenho mais um motivo para ter coragem."

***

Histórias nunca têm final.

Uma história é nada mais do que uma fotografia feita de palavras. Uma imagem para sempre registrada a partir de uma fresta de luz – seja ela a claridade do sol, seja ela a iluminação de uma ideia.

O "fim" de uma história é, inevitavelmente, um corte da realidade ou da ficção – jornalisticamente falando, um ato de editar.

Toda e qualquer história nos engana: ao final, nos dá a sensação de que o momento seguinte não existe. E, no fundo, queremos ser iludidos, seja com finais felizes ou não.

A história não termina com a idosa caminhando de cabeça baixa após ver o sangue escorrer do corpo do neto. Nem na carta de agradecimento de uma mãe que perdeu o filho. Ou com o sorriso de crianças brincando na piscina. Muito menos com a morte de um amigo nos campos de batalha.

A história continua mesmo que repórter e fotógrafo não consigam mostrá-la devido ao perigo de cruzar uma fronteira. Ela segue mesmo nas partes mais escuras e tristes do mundo.

Há tantas e tantas histórias não terminadas nas entrelinhas de um livro, nos detalhes de uma fotografia...

Ainda há muito a ser contado depois do último *click*.

E do último ponto final.

Este livro é dedicado em memória de:

Felipe, o bravo guerreiro colombiano.

Abdulla, ex-capitão das Forças Especiais do Exército Líbio e meu fixer. Ali Hasan, cinegrafista da Al Jazeera.

E a todos os fotógrafos, repórteres e cinegrafistas que doaram suas vidas para trazer a luz ao mundo, o que o próprio mundo tenta esconder.

Edição 1- Janeiro 2019

www.ingramcontent.com/pod-product-compliance
Lightning Source LLC
LaVergne TN
LVHW041501170726
843492LV00005B/1328